Aldidente

Fixe Diät

200 Fit- und Schlank-Rezepte

Eichborn.

1 2 3 4 06 05 04

Zusammengestellt von Gabriele Rescher
Umschlaggestaltung: Christina Hucke
unter Verwendung einer Zeichnung von Uschi Heusel
Lektorat: Oliver Thomas Domzalski
Layout: Oliver Schmitt
Druck und Bindung: WS Bookwell, Finnland
ISBN 3-8218-4892-8

Verlagsverzeichnis schickt gern:
Eichborn Verlag, Kaiserstr. 66, 60329 Frankfurt
www.eichborn.de

Die Rezepte sind sorgfältig erstellt und geprüft worden.
Für eventuell dennoch auftretende Fehler
bei Mengenangaben oder Zubereitungsverfahren übernimmt
der Verlag keine Haftung.

Drinks

Frühstücksbrote

Müsli

Suppen

Salate

Pfannengerichte

Fisch

Vegetarisch

Nudelgerichte

Fleisch- und Geflügelgerichte

Eintöpfe

Reisgerichte

Desserts und Süßspeisen

Kuchen und Gebäck

Kräuterdrink

Zutaten
für 4 Gläser

- 1 kleine Salatgurke (ca. 300 g)
- 1 Bund Dill
- 1 Bund Petersilie
- 1 Bund Schnittlauch
- 500 ml fettarmer Kefir
- Salz, Pfeffer
- ca. 2 EL Essig

Gurke schälen, halbieren, entkernen und in grobe Stücke schneiden. Kräuter waschen und trockenschütteln. Dill und Petersilie von den Stielen zupfen. Schnittlauch grob schneiden.

Gurke, Kräuter und Kefir in einen Mixer geben und pürieren. Mit Salz, Pfeffer und Essig abschmecken und in Gläser füllen.

Einkaufsliste: Kräuterdrink

- 1 kleine Salatgurke (ca. 300 g)
- 1 Bund Dill
- 1 Bund Petersilie
- 1 Bund Schnittlauch
- 500 ml fettarmer Kefir
- Salz, Pfeffer (aus dem Vorrat)
- Essig (aus dem Vorrat)

Was noch?

- ______
- ______
- ______
- ______
- ______
- ______
- ______
- ______
- ______
- ______
- ______
- ______

Melonen-Drink mit Möhren

Zutaten für 1 Person

- 100 g Melonenfruchtfleisch
- ¼ l Möhrensaft
- 1 Limette
- etwas Zitronenmelisse

Das Melonenfruchtfleisch pürieren und mit dem Möhrensaft auffüllen. Alles mit einem halben Teelöffel Limettensaft abschmecken, eher etwas weniger nehmen. Mit Zitronenmelisse und einer Limettenscheibe servieren.

Einkaufsliste: Melonen-Drink mit Möhren

- 1 Stück Melone
- 1 Flasche Möhrensaft
- 1 Limette
- Zitronenmelisse

Was noch?

- ______
- ______
- ______
- ______
- ______
- ______
- ______
- ______
- ______
- ______
- ______

Früchte-Drink

Zutaten
für 1 Person

- 125 g Erdbeeren
- 150 g Melonenfruchtfleisch
- 1 Orange
- 5 EL Magermilch
- 1 Spritzer Zitronensaft

Erdbeeren waschen, putzen, halbieren, große Erdbeeren vierteln. Melonenfleisch würfeln und das Obst anschließend mit dem Pürierstab pürieren.

Orange auspressen. Mit dem ausgepressten Orangensaft das pürierte Fruchtfleisch auffüllen, Milch aufgießen und mit Zitronensaft abschmecken.

Einkaufsliste: Früchte-Drink

- 125 g Erdbeeren
- 1 Stück Melone
- 1 Orange
- Magermilch
- Zitronensaft

Was noch?

- ______________________
- ______________________
- ______________________
- ______________________
- ______________________
- ______________________
- ______________________
- ______________________
- ______________________
- ______________________
- ______________________
- ______________________

Tomaten-Gurken-Drink

Zutaten
für 1 Person

- 100 g Salatgurke
- ⅛ l Tomatensaft
- Zitronensaft von einer frisch gepressten Zitrone
- Tabasco

Die Gurke schälen, würfeln und mit dem elektrischen Pürierstab pürieren. Tomatensaft aufgießen und mit einem Spritzer Zitronensaft und Tabasco abschmecken.

Einkaufsliste: Tomaten-Gurken-Drink

- 1 kleine Salatgurke
- 1 Flasche Tomatensaft
- 1 Zitrone
- 1 Flasche Tabasco

Was noch?

- ______
- ______
- ______
- ______
- ______
- ______
- ______
- ______
- ______
- ______
- ______
- ______

Kiwi-Trauben-Drink

Zutaten
für 1 Person

- 3 Kiwis
- ⅛ l Traubensaft
- etwas Zitronensaft
- flüssiger Süßstoff

Kiwis schälen, Fruchtfleisch in kleine Stücke schneiden und mit dem elektrischen Pürierstab pürieren. Dann den Traubensaft aufgießen und mit Zitronensaft und ein paar Spritzern Süßstoff abschmecken.

Einkaufsliste: Kiwi-Trauben-Drink

- 3 Kiwis
- 1 Flasche Traubensaft
- 1 Zitrone
- flüssiger Süßstoff

Was noch?

- ____________________
- ____________________
- ____________________
- ____________________
- ____________________
- ____________________
- ____________________
- ____________________
- ____________________
- ____________________
- ____________________
- ____________________

Erdbeer-Jogurt-Drink

Zutaten für 2 Gläser

- 100 g Erdbeeren
- 100 g Magerjogurt
- 150 ml kaltes Wasser
- 1 TL Honig

Erdbeeren waschen und putzen, dann alle Zutaten pürieren und durch ein Sieb streichen.

Gut gekühlt schmeckt dieses Getränk besonders lecker.

Einkaufsliste: Erdbeer-Jogurt-Drink

- 100 g Erdbeeren
- 1 Becher (150 g) Magerjogurt
- Honig

Was noch?

- ____________________
- ____________________
- ____________________
- ____________________
- ____________________
- ____________________
- ____________________
- ____________________
- ____________________
- ____________________
- ____________________
- ____________________

Power-Drink

Zutaten
für 2 Gläser

- 3 Orangen
- 2 EL Weizenkeime
- 1 EL Honig
- 200 g Magerjogurt

Orangen auspressen, mit Weizenkeimen und Honig verquirlen und Jogurt unterrühren.

Einkaufsliste: Power-Drink

- 3 Orangen
- 1 Pckg. Weizenkeime
- Honig
- 1 Becher (200 g) Magerjogurt

Was noch?

- ______________________________
- ______________________________
- ______________________________
- ______________________________
- ______________________________
- ______________________________
- ______________________________
- ______________________________
- ______________________________
- ______________________________
- ______________________________
- ______________________________

Fruchtiges Walnuss-Getränk

Zutaten
für 2 Personen

- 25 g Walnusskerne
- 2 EL Honig
- 1 Orange
- 1 Grapefruit
- 250 ml Magerjogurt
- 2 Orangenscheiben

Walnusskerne fein mahlen und mit Honig mischen. Orange und Grapefruit auspressen und mit der Honig-Walnuss-Masse mixen, dann den Jogurt dazugeben und nochmals alles gut durchmixen.

Gut durchgekühlt servieren. Den Glasrand mit je einer Orangenscheibe dekorieren.

Einkaufsliste: Fruchtiges Walnuss-Getränk

- 1 Tüte Walnusskerne
- Honig
- 2 Orangen
- 1 Grapefruit
- 250 ml Magerjogurt

Was noch?

- ______
- ______
- ______
- ______
- ______
- ______
- ______
- ______
- ______
- ______
- ______
- ______

Muntermacher-Drink

Zutaten für 1 Person

- 150 ml fettarmer Kefir
- 50 g Erdbeeren
- 50 g Himbeeren
- 50 g rote Johannisbeeren
- Honig

Beeren waschen und putzen. Alle Zutaten pürieren. Bei Bedarf mit einem TL Honig abschmecken.

Einkaufsliste: Muntermacher-Drink

- 150 ml fettarmer Kefir
- 50 g Erdbeeren
- 50 g Himbeeren
- 50 g rote Johannisbeeren
- Honig

Was noch?

- ____________________
- ____________________
- ____________________
- ____________________
- ____________________
- ____________________
- ____________________
- ____________________
- ____________________
- ____________________
- ____________________
- ____________________

Sommerdrink

Zutaten
für 6 Gläser

- 300 ml Ananassaft
- Saft von einer Zitrone
- abgeriebene Schale einer unbehandelten Zitrone
- 0,7 l Mineralwasser (mit wenig Kohlensäure)

Alle Zutaten in einen Krug füllen, gut umrühren und mit Eiswürfeln servieren.

Einkaufsliste: Sommerdrink

- 1 Flasche Ananassaft
- 1 Zitrone
- 0,7 l Mineralwasser (mit wenig Kohlensäure)

Was noch?

- ____________________
- ____________________
- ____________________
- ____________________
- ____________________
- ____________________
- ____________________
- ____________________
- ____________________
- ____________________
- ____________________
- ____________________

Früchtezauber-Drink

Zutaten für 1 Person

- Zitronensaft
- Traubensaft (ohne Zucker; 100 % Fruchtanteil)
- Apfelsaft (ohne Zucker; 100 % Fruchtanteil)

In ein Longdrinkglas ca. 4 cm frisch gepressten Zitronensaft einfüllen, dann bis zur Hälfte des Glases Traubensaft eingießen und zum Schluss Apfelsaft auffüllen.

Einkaufsliste: Früchtezauber-Drink

- o 2 Zitronen
- o 1 Flasche Traubensaft (ohne Zucker; 100 % Fruchtanteil)
- o 1 Flasche Apfelsaft (ohne Zucker; 100 % Fruchtanteil)

Was noch?

- o ______________________
- o ______________________
- o ______________________
- o ______________________
- o ______________________
- o ______________________
- o ______________________
- o ______________________
- o ______________________
- o ______________________
- o ______________________
- o ______________________

Tomaten-Getränk

Zutaten für 2 Personen

- 2 Tomaten
- 200 g Magerjogurt
- Salz, Pfeffer
- 100 ml Tomatensaft
- 1 Spritzer Tabasco
- 1 Zweig Basilikum

Die Tomaten waschen, halbieren, von Kernen befreien und würfeln. Mit dem Pürierstab Jogurt, Tomatensaft, Tomatenwürfel und gehacktes Basilikum pürieren. Mit Salz, Pfeffer und vorsichtig mit Tabasco würzen.

Einkaufsliste: Tomaten-Getränk

- 2 Tomaten
- 200 g Magerjogurt
- Salz, Pfeffer
  (aus dem Vorrat)
- 1 Flasche Tomatensaft
- 1 Flasche Tabasco
- 1 Zweig Basilikum

Was noch?

- ____________________
- ____________________
- ____________________
- ____________________
- ____________________
- ____________________
- ____________________
- ____________________
- ____________________
- ____________________
- ____________________
- ____________________

Pfirsich-Vanille-Drink

Zutaten für 2 Personen

- 2 Pfirsichhälften aus der Dose
- 300 ml Magermilch
- 4 EL Haferflocken
- 1 Pck. Vanillinzucker
- ½ Vanilleschote

Die Pfirsichhälften zerkleinern. Vanilleschote aufschneiden und das Mark herauskratzen. Alle Zutaten im Mixer pürieren und gut gekühlt servieren.

Einkaufsliste: Pfirsich-Vanille-Drink

- o 1 Dose Pfirsiche
- o ½ l Magermilch
- o 1 Tüte Haferflocken
- o 1 Pckg. Vanillinzucker
- o 1 Vanilleschote

Was noch?

- o ______________________
- o ______________________
- o ______________________
- o ______________________
- o ______________________
- o ______________________
- o ______________________
- o ______________________
- o ______________________
- o ______________________
- o ______________________
- o ______________________

Kürbis-Drink

Zutaten für 1 Person

- 100 g süß-sauer eingelegter Kürbis (Konserve)
- 1 Messerspitze Currypulver
- 1 Prise Salz
- 1 Messerspitze Mango-Chutney
- ⅛ l Cidre

Kürbis mit Curry, Salz und Mango-Chutney fein pürieren. In ein Longdrinkglas füllen und mit dem gut gekühlten Cidre aufgießen.

Einkaufsliste: Kürbis-Drink

- ○ 1 Glas süß-sauer eingelegter Kürbis
- ○ Currypulver (aus dem Vorrat)
- ○ Salz (aus dem Vorrat)
- ○ 1 kleines Glas Mango-Chutney
- ○ 1 Flasche Cidre

Was noch?

- ○ ____________________
- ○ ____________________
- ○ ____________________
- ○ ____________________
- ○ ____________________
- ○ ____________________
- ○ ____________________
- ○ ____________________
- ○ ____________________
- ○ ____________________
- ○ ____________________
- ○ ____________________

Tomaten-Ei-Brötchen

Zutaten

- 1 Vollkornbrötchen
- 2 kleine Tomaten
- ½ kleine Zwiebel
- ½ Bund Schnittlauch
- 1 Ei
- Salz, Pfeffer

Vollkornbrötchen halbieren. Tomaten waschen und grob zerkleinern, Zwiebel pellen und in Würfel schneiden. Tomaten und Zwiebel mit dem Pürierstab zerkleinern. Schnittlauch waschen, trockenschütteln und in Röllchen schneiden.

Tomaten-Zwiebel-Gemisch mit den Schnittlauchröllchen und dem Ei verrühren und in einer kleinen beschichteten Pfanne ohne Zugabe von Fett leicht stocken lassen.

Mit Salz und Pfeffer abschmecken und auf die Brötchenhälften verteilen.

Einkaufsliste: Tomaten-Ei-Brötchen

- o 1 Vollkornbrötchen
- o 1 Ei
- o 2 kleine Tomaten
- o 1 Zwiebel
- o 1 Bund Schnittlauch
- o Salz, Pfeffer (aus dem Vorrat)

Was noch?

- o ____________________
- o ____________________
- o ____________________
- o ____________________
- o ____________________
- o ____________________
- o ____________________
- o ____________________
- o ____________________
- o ____________________
- o ____________________
- o ____________________

Vollkornbrot mit Tomaten-Apfel-Quark

Zutaten

- 100 g Magerquark
- 1 EL Magermilch
- 1 kleine Tomate
- 1 kleiner Apfel
- 1 Bund Dill
- 4 Scheiben Vollkornbrot
- Pfeffer, Jodsalz

Quark und Milch verrühren. Tomate und Apfel waschen. Apfel schälen, vierteln und entkernen. Tomate und Apfel in sehr feine Würfel schneiden und unter den Quark rühren.

Dill waschen, trockenschütteln, hacken und ebenfalls unter den Quark rühren.

Alles mit Jodsalz und Pfeffer abschmecken und die Brote damit bestreichen.

Einkaufsliste: Vollkornbrot mit Tomaten-Apfel-Quark

- o 1 Becher Magerquark (0,2 % Fett)
- o Magermilch
- o 1 kleine Tomate
- o 1 kleiner Apfel
- o 1 Bund Dill
- o Pfeffer, Jodsalz
- o 4 Scheiben Vollkornbrot

Was noch?

- o ______
- o ______
- o ______
- o ______
- o ______
- o ______
- o ______
- o ______
- o ______
- o ______
- o ______
- o ______

Radieschenbrot mit Sprossen

Zutaten

- ½ Bund Radieschen
- 100 g Magerquark
- 1 Pckg. italienische Kräuter (TK)
- 2 Scheiben Vollkornbrot
- 2 EL Alfalfasprossen (Luzerne)

Radieschen putzen, waschen und in Scheiben schneiden. Quark und die Kräuter miteinander verrühren.

Die Vollkornbrote mit Quark bestreichen, mit Radieschenscheiben belegen und mit Sprossen bestreuen.

Einkaufsliste: Radieschenbrot mit Sprossen

- o 1 Bund Radieschen
- o 1 kleiner Becher Magerquark
- o 1 Paket italienische Kräuter (TK)
- o 2 Scheiben Vollkornbrot
- o Alfalfasprossen (Luzerne)

Was noch?

- o ______
- o ______
- o ______
- o ______
- o ______
- o ______
- o ______
- o ______
- o ______
- o ______
- o ______
- o ______

Vollkornbrötchen mit Paprikaquark

Zutaten

- ½ rote Paprikaschote
- 75 g Magerquark
- 2 Blätter grüner Salat
- ½ TL Tomatenmark
- 1 Vollkornbrötchen
- Schnittlauch
- Salz, Pfeffer

Paprikaschote waschen, halbieren, Kerngehäuse entfernen und in feine Würfel schneiden. Salatblätter waschen und in kleine Stücke zupfen oder schneiden. Paprikawürfel, Salatblättchen, Tomatenmark und Quark miteinander vermischen und mit Pfeffer und Salz abschmecken. Brötchen teilen und mit dem Paprikaquark bestreichen.

Schnittlauch waschen, trockenschütteln und in Röllchen schneiden. Zum Schluss die Brötchen mit Schnittlauchröllchen bestreuen.

Einkaufsliste: Vollkornbrötchen mit Paprikaquark

- o 1 rote Paprikaschote
- o 1 kleiner Becher Magerquark
- o 1 kleiner Kopf Blattsalat
- o 1 Tube Tomatenmark
- o 1 Vollkornbrötchen
- o 1 Bund Schnittlauch
- o Salz, Pfeffer
  (aus dem Vorrat)

Was noch?

o ____________________

o ____________________

o ____________________

o ____________________

o ____________________

o ____________________

o ____________________

o ____________________

o ____________________

o ____________________

o ____________________

o ____________________

Vollkornbrot mit Quark, Bananen und Honig

Zutaten

- 2 Scheiben Roggenvollkornbrot
- 1 kleiner Becher Magerquark
- 1 Banane
- 2 TL Honig

Die Brotscheiben dick mit Quark bestreichen. Banane schälen und in dünne Scheiben schneiden, dann schuppenartig auf dem Quark verteilen und den Honig darüber träufeln.

Einkaufliste: Vollkornbrot mit Quark, Bananen und Honig

- o 2 Scheiben Roggenvollkornbrot
- o 1 Becher Magerquark
- o 1 Glas Honig
- o 1 Banane

Was noch?

- o ______________________
- o ______________________
- o ______________________
- o ______________________
- o ______________________
- o ______________________
- o ______________________
- o ______________________
- o ______________________
- o ______________________
- o ______________________
- o ______________________

Vollkornbrötchen mit Avocado-Aufstrich

**Zutaten
für 2 Personen**

- ½ Bund Petersilie
- 1 reife Avocado
- 1 TL Zitronensaft
- etwas geriebene Zwiebel
- Kräutersalz, Pfeffer
- 2 Vollkornbrötchen

Petersilie waschen, trockenschütteln und fein hacken. Avocado schälen, Fruchtfleisch lösen und mit einer Gabel fein zerdrücken. Zitronensaft, geriebene Zwiebel und gehackte Petersilie untermischen. Mit Pfeffer und Salz pikant abschmecken.

Brötchen halbieren und mit dem Avocadoaufstrich bestreichen.

Einkaufsliste: Vollkornbrötchen mit Avocado-Aufstrich

- o 1 Bund Petersilie
- o 1 reife Avocado
- o 1 Zitrone
- o 1 Zwiebel
- o 2 Vollkornbrötchen
- o Kräutersalz, Pfeffer (aus dem Vorrat)

Was noch?

- o ______________________
- o ______________________
- o ______________________
- o ______________________
- o ______________________
- o ______________________
- o ______________________
- o ______________________
- o ______________________
- o ______________________
- o ______________________
- o ______________________

Knäckebrot mit Möhren-Meerrettich-Aufstrich

Zutaten

- ¼ Bund Dill
- ½ Bund Schnittlauch
- 2 Möhren
- 1 EL Crème légère
- ½ bis 1 TL geriebener Meerrettich (Konserve)
- Pfeffer, Kräutersalz
- 2 Scheiben Knäckebrot

Dill waschen, trockenschütteln und fein hacken. Schnittlauch waschen und in Röllchen schneiden. Möhren schälen, fein raspeln und mit der Crème légère verrühren. Meerrettich und gehackten Dill unterrühren, mit Salz und Pfeffer abschmecken und anschließend die Knäckebrotscheiben damit bestreuen und mit den Schnittlauchröllchen bestreuen.

Einkaufsliste: Knäckebrot mit Möhren-Meerrettich-Aufstrich

- o 1 Bund Dill
- o 1 Bund Schnittlauch
- o 2 Möhren
- o 1 Becher Crème légère (150 g)
- o 1 kleines Glas geriebener Meerrettich
- o Pfeffer, Kräutersalz (aus dem Vorrat)
- o 1 Pckg. Knäckebrot

Was noch?

- o ______
- o ______
- o ______
- o ______
- o ______
- o ______
- o ______
- o ______
- o ______
- o ______
- o ______
- o ______

Vollkornbrote mit Sonnenblumen-Kürbiskern-Aufstrich

Zutaten

- 7 EL Sonnenblumenkerne
- 3 EL Kürbiskerne
- 2 EL Sojasauce
- Pfeffer
- Curry
- Paprikapulver
- Ingwerpulver
- 4 Scheiben Vollkornbrot
- etwas Halbfettbutter

Über Nacht die Sonnenblumen- und Kürbiskerne zusammen in Wasser einweichen. (Die Kerne sollten völlig bedeckt sein.) Am nächsten Tag die Kerne über einem Sieb gründlich abtropfen lassen, dann mit dem elektrischen Pürierstab pürieren und mit den Gewürzen abschmecken.

Die Brote zuerst mit Halbfettbutter, dann mit dem Aufstrich bestreichen.

Einkaufsliste: Vollkornbrote mit Sonnenblumen-Kürbiskern-Aufstrich

- o 1 kleine Tüte Sonnenblumenkerne
- o 1 kleine Tüte Kürbiskerne
- o Sojasauce
- o Pfeffer (aus dem Vorrat)
- o Curry
- o Paprikapulver
- o Ingwerpulver
- o 4 Scheiben Vollkornbrot
- o 1 kleiner Becher Halbfettbutter

Was noch?

- o ______________________
- o ______________________
- o ______________________
- o ______________________
- o ______________________
- o ______________________
- o ______________________
- o ______________________
- o ______________________
- o ______________________
- o ______________________
- o ______________________

Vollkornbrot mit Ricotta-Kräuter-Creme

Zutaten

- ½ Pckg. italienische Kräuter (TK)
- ½ Bund Schnittlauch
- 125 g Ricotta (Magerfettstufe)
- etwas fettarme Milch
- Salz, Pfeffer
- 2 Scheiben Vollkornbrot
- 2 kleine Tomaten

Schnittlauch waschen, trockenschütteln und in Röllchen schneiden. Zum Garnieren 1 TL Schnittlauch beiseite legen.

Alle Kräuter mit dem Ricotta und etwas Magermilch cremig rühren und mit Salz und Pfeffer abschmecken. Die Brotscheiben mit der Käsecreme bestreichen. Die Tomaten in Scheiben schneiden und auf die Brote legen. Den übrigen Schnittlauch aufstreuen.

Einkaufsliste: Vollkornbrot mit Ricotta-Kräuter-Creme

- o 1 Pckg. italienische Kräuter (TK)
- o 125 g Ricotta
- o 1 Bund Schnittlauch
- o fettarme Milch
- o Salz, Pfeffer
  (aus dem Vorrat)
- o 2 Scheiben Vollkornbrot
- o 2 kleine Tomaten

Was noch?

- o ___
- o ___
- o ___
- o ___
- o ___
- o ___
- o ___
- o ___
- o ___
- o ___
- o ___
- o ___

Hüttenkäse-Brot

Zutaten

- ¼ rote Paprikaschote
- 100 g grüne Gurke
- 2 Scheiben Vollkornbrot
- 50 g Hüttenkäse
- Salz, Pfeffer
- 1 TL Schnittlauchröllchen

Paprikaschoten halbieren, entkernen, waschen und in feine kleine Streifen schneiden. Gurke schälen und in Scheiben schneiden.

Vollkornbrot mit dem Hüttenkäse bestreichen und mit Salz und Pfeffer würzen.

Die Brotscheiben mit den Paprikastreifen und der Gurke belegen und mit Schnittlauchröllchen bestreuen.

Einkaufsliste: Hüttenkäse-Brot

- o 1 rote Paprikaschote
- o 1 gelbe Paprikaschote
- o 1 kleine grüne Gurke
- o 1 Scheibe Vollkornbrot
- o 1 Becher Hüttenkäse
- o Salz, Pfeffer (aus dem Vorrat)
- o 1 Bund Schnittlauch

Was noch?

- o ______
- o ______
- o ______
- o ______
- o ______
- o ______
- o ______
- o ______
- o ______
- o ______
- o ______
- o ______

Vollkornbrot mit Roastbeef

Zutaten

- ½ Bund Schnittlauch
- 2 Scheiben Vollkornbrot
- 10 g Halbfettbutter
- 2 dünne Scheiben Roastbeef
- 10 g Crème légère
- ½ TL grüner Pfeffer
- Paprikapulver

Schnittlauch waschen, trockenschütteln und in feine Ringe schneiden. Vollkornbrot mit Halbfettbutter bestreichen und mit Roastbeef belegen. Crème légère mit gehacktem Schnittlauch, grünem Pfeffer und Paprikapulver verrühren und auf dem Roastbeef verteilen.

Einkaufsliste: Vollkornbrot mit Roastbeef

- o 1 Bund Schnittlauch
- o 2 Scheiben Vollkornbrot
- o 1 Becher Halbfettbutter
- o 2 Scheiben Roastbeef
- o 1 Becher Crème légère (150 g)
- o grüner Pfeffer
- o Paprikapulver

Was noch?

- o ______________________
- o ______________________
- o ______________________
- o ______________________
- o ______________________
- o ______________________
- o ______________________
- o ______________________
- o ______________________
- o ______________________
- o ______________________
- o ______________________

Knäckebrot mit Kräuter-Fleischsalat

Zutaten

- 100 g Mortadella im Stück
- 1 große Essiggurke
- 1 bis 1 ½ EL Crème légère
- ½ TL gehackte Petersilie
- ½ TL gehackter Dill
- Salz, Pfeffer
- wenig Gurkenwasser
- 2 Scheiben Knäckebrot

Mortadella und Gurke in kleine Würfel schneiden und mit der Crème légère, dem Gurkenwasser und den gehackten Kräutern verrühren.

Alles mit Salz und Pfeffer abschmecken und das Knäckebrot damit bestreichen.

Einkaufsliste: Knäckebrot mit Kräuter-Fleischsalat

- o 100 g Mortadella im Stück
- o 1 kleines Glas Essiggurken
- o 1 Becher Crème légère (150 g)
- o 1 Bund Petersilie
- o 1 Bund Dill
- o Salz, Pfeffer (aus dem Vorrat)
- o 1 Pckg. Knäckebrot

Was noch?

- o ______
- o ______
- o ______
- o ______
- o ______
- o ______
- o ______
- o ______
- o ______
- o ______
- o ______
- o ______

Vollkornbrötchen mit Gemüsequark

Zutaten

- ½ Bund Schnittlauch
- ½ Zwiebel
- 1 Vollkornbrötchen
- 120 g Magerquark
- Radieschen

Schnittlauch waschen, trockenschütteln und in Röllchen schneiden. Zwiebel pellen, fein hacken und unter den Quark rühren. Brötchen halbieren und mit Magerquark bestreichen.

Radieschen waschen, putzen und in Scheiben schneiden. Die Scheiben auf den Quark legen und mit dem gehackten Schnittlauch bestreuen.

Einkaufsliste: Vollkornbrötchen mit Gemüsequark

- 1 Bund Schnittlauch
- 1 Zwiebel
- 1 Vollkornbrötchen
- 1 kleiner Becher Magerquark
- 1 Bund Radieschen

Was noch?

- ______________________
- ______________________
- ______________________
- ______________________
- ______________________
- ______________________
- ______________________
- ______________________
- ______________________
- ______________________
- ______________________
- ______________________

Brötchen mit süßem Quark

Zutaten

- 1 Roggenbrötchen
- 100 g Magerquark
- 2 TL Diät-Marmelade
- etwas frische Minze

Brötchen halbieren, die Hälften mit dem Magerquark bestreichen. Auf dem Magerquark jeweils einen Teelöffel Diät-Marmelade verteilen und mit Minzeblättchen garnieren.

Einkaufsliste: Brötchen mit süßem Quark

- o 1 Roggenbrötchen
- o 1 Becher Magerquark
- o 1 kleines Glas Diät-Marmelade
- o frische Minze

Was noch?

- o ___
- o ___
- o ___
- o ___
- o ___
- o ___
- o ___
- o ___
- o ___
- o ___
- o ___
- o ___

Vollkornbrot mit Schafskäseaufstrich

Zutaten

- 25 g Schafskäse
- 2 EL Magerquark
- Kräutersalz, Pfeffer
- 1 TL italienische Kräuter (TK)
- 2 Scheiben Vollkornbrot
- 1 kleine Tomate

Schafskäse mit der Gabel sehr klein drücken, dann mit dem Magerquark verrühren und mit Salz und Pfeffer würzen. Zum Schluss die Kräuter unterrühren.

Die Brotscheiben mit dem Aufstrich bestreichen und mit Tomatenscheiben belegen.

Einkaufsliste: Vollkornbrot mit Schafskäseaufstrich

- o 25 g Schafskäse
- o 1 kleiner Becher Magerquark
- o Kräutersalz, Pfeffer (aus dem Vorrat)
- o 1 Pckg. italienische Kräuter (TK)
- o 2 Scheiben Vollkornbrot
- o 1 kleine Tomate

Was noch?

- o ______________________
- o ______________________
- o ______________________
- o ______________________
- o ______________________
- o ______________________
- o ______________________
- o ______________________
- o ______________________
- o ______________________
- o ______________________
- o ______________________

Vollkornbrot mit Schinkencreme

Zutaten

- 60 g magerer gekochter Schinken
- 100 g Magerquark
- Zitronenpfeffer
- 1 Prise Currypulver
- 2 kleine Tomaten
- 2 Scheiben Vollkornbrot

Den gekochten Schinken in feine Würfel schneiden. Magerquark und Schinken mit dem Mixer pürieren und mit Zitronenpfeffer und Currypulver abschmecken. Die Brotscheiben damit bestreichen und mit Tomatenscheiben belegen.

Einkaufsliste: Vollkornbrot mit Schinkencreme

- 60 g magerer gekochter Schinken
- 1 Becher Magerquark
- 2 kleine Tomaten
- 2 Scheiben Vollkornbrot
- Zitronenpfeffer
- Currypulver

Was noch?

- ______________________
- ______________________
- ______________________
- ______________________
- ______________________
- ______________________
- ______________________
- ______________________
- ______________________
- ______________________
- ______________________
- ______________________

Knäckebrot mit Tomaten-Avocado-Creme

Zutaten

- ½ Bund Schnittlauch
- ½ kleine Avocado
- 1 Tomate
- 1 EL Zitronensaft
- Salz, Pfeffer
- 2 Scheiben Vollkornbrot

Schnittlauch waschen, trockenschütteln und in Röllchen schneiden. Das Avocadofleisch auslösen, mit einer Gabel zerdrücken und mit Salz und Pfeffer abschmecken. Anschließend den Zitronensaft und die Hälfte der Schnittlauchröllchen unterrühren.

Tomate waschen, kurz im heißen Wasser blanchieren, die Haut abziehen, in sehr kleine Würfel schneiden und unter die Avocadocreme rühren.

Alles ca. 10 Minuten ziehen lassen, dann die Brotscheiben damit bestreichen und mit dem restlichen gehackten Schnittlauch bestreuen.

Einkaufsliste: Knäckebrot mit Tomaten-Avocado-Creme

- o 1 Bund Schnittlauch
- o 1 kleine Avocado
- o 1 Tomate
- o 1 Zitrone
- o Salz, Pfeffer (aus dem Vorrat)
- o 2 Scheiben Vollkornbrot

Was noch?

- o ____
- o ____
- o ____
- o ____
- o ____
- o ____
- o ____
- o ____
- o ____
- o ____
- o ____
- o ____

Früchtemüsli

Zutaten für 2 Personen

- 1 Banane
- 1 Apfel
- verschiedene Flocken (z.B. Hafer, Weizen usw.)
- verschiedene Trockenfrüchte
- fettarme Milch
- fettarmer Naturjogurt
- geröstete Nüsse

Banane schälen und in Scheiben schneiden. Apfel waschen, vom Kerngehäuse befreien und in kleine Stückchen schneiden.

Flocken und Trockenfrüchte ca. 15 Minuten in wenig Milch einweichen. Dann den Naturjogurt unterrühren, Banane und Apfel untermischen und mit gerösteten Nüssen bestreuen.

Sofort verzehren.

Einkaufsliste: Früchtemüsli

- 1 Banane
- 1 Apfel
- Haferflocken
- Weizenflocken
- verschiedene Trockenfrüchte
- fettarme Milch
- fettarmer Naturjogurt
- geröstete Nüsse

Was noch?

- ____________________
- ____________________
- ____________________
- ____________________
- ____________________
- ____________________
- ____________________
- ____________________
- ____________________
- ____________________
- ____________________
- ____________________

Banane-Müsli-Jogurt

Zutaten
für 1 Person

- 3 EL Müsli
- 1 kleine Banane
- 150 g Naturjogurt
- 1 Prise Zimt

Die Banane schälen und klein schneiden, in eine Schüssel den Jogurt gießen und das Müsli mit den Bananenstücken unterrühren. Mit Zimt abschmecken. Man kann auch noch getrocknete Aprikosen dazugeben.

Müsli

Einkaufsliste: Banane-Müsli-Jogurt

- 1 Tüte Müsli
- 1 Banane
- 150 g Naturjogurt
- Zimt

Was noch?

- ____________________
- ____________________
- ____________________
- ____________________
- ____________________
- ____________________
- ____________________
- ____________________
- ____________________
- ____________________
- ____________________
- ____________________

Obst-Müsli

Zutaten
für 1 Person

- 1 Banane
- 1 Apfel
- 1 Prise Zimt
- 1 TL Honig
- 3 EL Müsli
- Sesam zum Bestreuen

Banane und Apfel schälen, Apfel vom Kerngehäuse befreien und alles in kleine Stücke schneiden. Mit dem elektrischen Pürierstab pürieren, in eine Schüssel geben und mit einer Prise Zimt abschmecken. Das Müsli mit dem Honig unterrühren und anschließend mit Sesam bestreuen.

Einkaufsliste: Obst-Müsli

- ○ 1 Banane
- ○ 1 Apfel
- ○ Zimt
- ○ 1 kleines Glas Honig
- ○ 1 Tüte Müsli
- ○ 1 Packung Sesam

Was noch?

- ○ ____________________
- ○ ____________________
- ○ ____________________
- ○ ____________________
- ○ ____________________
- ○ ____________________
- ○ ____________________
- ○ ____________________
- ○ ____________________
- ○ ____________________
- ○ ____________________
- ○ ____________________

Müsli mit Dörrobst

Zutaten
für 1 Person

- 40 g Früchte-Müsli-Mischung (ohne Nüsse)
- 150 ml Milch (1,5 % Fett)
- 4 entsteinte Backpflaumen
- 4 getrocknete Aprikosen

Das Müsli in eine Müslischale geben und die Milch aufgießen. Backpflaumen und Aprikosen klein schneiden und unter das Müsli rühren.

Müsli

Einkaufsliste: Müsli mit Dörrobst

- o 1 Pckg. Früchte-Müsli-Mischung (ohne Nüsse)
- o ½ l Milch (1,5 % Fett)
- o 1 Tüte entsteinte Backpflaumen
- o 1 Tüte getrocknete Aprikosen

Was noch?

- o ______________________
- o ______________________
- o ______________________
- o ______________________
- o ______________________
- o ______________________
- o ______________________
- o ______________________
- o ______________________
- o ______________________
- o ______________________
- o ______________________

Kraftmüsli mit Honig

Mengen nach Belieben

- Weizenflocken
- Haferflocken
- Dinkel
- Buchweizen
- Rosinen
- Weintrauben
- Bananen
- Birnen
- Äpfel
- geraspelte Mandeln
- getrocknete Aprikosen
- getrocknete Pflaumen
- Honig
- fettarme Milch

Weizenflocken, Haferflocken, Dinkel, Buchweizen, Rosinen, Mandeln, Aprikosen und Pflaumen in die Müslischüssel geben und verrühren. Bananen, Äpfel und Birnen schälen, vom Kerngehäuse befreien und in kleine Stückchen schneiden. Zusammen mit den Weintrauben alles obenauf legen und mit dem Honig überziehen. Zum Schluss die Milch aufgießen.

Einkaufsliste: Kraftmüsli mit Honig

- o Weizenflocken
- o Haferflocken
- o Dinkel
- o Buchweizen
- o Rosinen
- o Weintrauben
- o Bananen
- o Birnen
- o Äpfel
- o geraspelte Mandeln
- o getrocknete Aprikosen
- o getrocknete Pflaumen
- o Honig
- o fettarme Milch

Was noch?

o ______________________

o ______________________

o ______________________

o ______________________

o ______________________

o ______________________

o ______________________

o ______________________

o ______________________

o ______________________

o ______________________

o ______________________

Knackiges Müsli

Mengen nach Belieben

- Sonnenblumenkerne
- gegarter Buchweizen
- Mandelblättchen
- Trockenfrüchte (z.B. Rosinen, Aprikosen)
- Honig
- Hafer- und Weizenflocken
- fettarmer Jogurt

In einer beschichteten Pfanne Sonnenblumenkerne und Mandeln ohne Zugabe von Fett anrösten, dann Honig zugeben und alles karamellisieren lassen. Mit einem Brotmesser die Masse klein hacken und mit Buchweizen, Flocken, Rosinen und klein geschnittenen Aprikosen vermischen. In einen fest schließenden Behälter füllen und lagern.

Zum Verzehr die gewünschte Portion in eine Müslischale füllen und mit fettarmem Jogurt verrühren.

Einkaufsliste: Knackiges Müsli

- o Sonnenblumenkerne
- o gegarter Buchweizen
- o Mandelblättchen
- o Trockenfrüchte (z. B. Rosinen, Aprikosen)
- o Hafer- und Weizenflocken
- o fettarmer Jogurt
- o Honig

Was noch?

- o ______
- o ______
- o ______
- o ______
- o ______
- o ______
- o ______
- o ______
- o ______
- o ______
- o ______
- o ______

Warmes Apfel-Müsli

**Zutaten
für 1 Person**

- 50 g Haferflocken
- 1 TL Rosinen
- 100 ml Wasser
- ½ TL Honig
- etwas Zimt
- 1 EL Kokosraspeln
- 1 Apfel

Haferflocken und Rosinen 12 Stunden in Wasser quellen lassen. Apfel waschen, entkernen und mit Schale in sehr kleine Würfel schneiden und in die Haferflocken-Rosinen-Mischung geben. Dann Honig, Zimt und Kokosraspeln dazugeben.

Alles in einem kleinen Topf 5 Min. bei kleiner Hitze köcheln und warm servieren.

Einkaufsliste: Warmes Apfel-Müsli

- o 1 Pckg. Haferflocken
- o 1 Tüte Rosinen
- o 1 Glas Honig
- o Zimt
- o 1 Tüte Kokosraspeln
- o 1 Apfel

Was noch?

- o ____________________
- o ____________________
- o ____________________
- o ____________________
- o ____________________
- o ____________________
- o ____________________
- o ____________________
- o ____________________
- o ____________________
- o ____________________
- o ____________________

Schnelles Karibisches Müsli

Zutaten
für 1 Person

- 3 EL Haferflocken
- 2 EL Hirseflocken
- 1 EL Bananenchips (getr., ohne Zucker), zerkleinert
- 1 EL Rosinen
- 1 EL Kokosnussflocken
- Zimt

Alle Zutaten miteinander vermischen und anschließend mit Zimt bestreuen.

Einkaufsliste: Schnelles Karibisches Müsli

- o 1 Pckg. Haferflocken
- o 1 Pckg. Hirseflocken
- o 1 Pckg. Bananenchips (getr., ohne Zucker), zerkleinert
- o 1 Tüte Rosinen
- o 1 Tüte Kokosnussflocken
- o Zimt

Was noch?

- o ____
- o ____
- o ____
- o ____
- o ____
- o ____
- o ____
- o ____
- o ____
- o ____
- o ____
- o ____

Birnen-Zwieback-Müsli

Zutaten für 1 Person

- 1 vollreife Birne
- Zitronenspalte
- ½ Tasse fettarmer Jogurt
- 4 EL Vollkornzwieback
- Honig

Birne schälen, vom Kerngehäuse befreien und in kleine Stückchen schneiden. Sofort mit Zitronensaft beträufeln. Zwieback fein zerbröseln. Anschließend mit den übrigen Zutaten vermengen.

Einkaufsliste: Birnen-Zwieback-Müsli

- o 1 vollreife Birne
- o 1 Zitrone
- o 1 Becher fettarmer Jogurt
- o 1 Pckg. Vollkornzwieback
- o 1 kleines Glas Honig

Was noch?

- o ____________________
- o ____________________
- o ____________________
- o ____________________
- o ____________________
- o ____________________
- o ____________________
- o ____________________
- o ____________________
- o ____________________
- o ____________________
- o ____________________

Aufwach-Müsli

Zutaten
für 1 Person

- 1 Apfelsine
- 4 EL Haferflocken
- 1 EL Cashewkerne
- 1 EL Quark
- 2 EL fettarme Milch
- ½ TL Honig
- 2 EL Sanddornsaft

Apfelsine schälen und das Fruchtfleisch in Stücke schneiden. Cashewkerne hacken. Apfelsinenstückchen und Cashewkerne mit den Flocken mischen. Quark, Milch, Sanddornsaft und Honig verquirlen und über das Müsli geben.

Einkaufsliste: Aufwach-Müsli

- o 1 Apfelsine
- o 1 Pckg. Haferflocken
- o 1 Tüte Cashewkerne
- o 1 Becher Quark
- o fettarme Milch
- o 1 kleines Glas Honig
- o 1 Flasche Sanddornsaft

Was noch?

- o ____________________
- o ____________________
- o ____________________
- o ____________________
- o ____________________
- o ____________________
- o ____________________
- o ____________________
- o ____________________
- o ____________________
- o ____________________
- o ____________________

Warmes Müsli

**Zutaten
für 1 Person**

- 40 g Haferflocken
- 1 TL Rosinen
- 100 ml Wasser
- ½ TL Honig
- etwas Zimt
- 1 EL Kokosraspeln
- 1 Apfel

Haferflocken und Rosinen über Nacht in 100 ml Wasser quellen lassen. Apfel schälen, vom Kerngehäuse befreien und in kleine Stückchen schneiden.

Honig, Zimt, Kokosraspeln und Apfelstückchen zu den Flocken geben. Alles in einem kleinen Topf bei wenig Hitze köcheln und warm verzehren.

Müsli

Einkaufsliste: Warmes Müsli

- o 1 Pckg. Haferflocken
- o 1 Tüte Rosinen
- o 1 kleines Glas Honig
- o Zimt
- o 1 Tüte Kokosraspeln
- o 1 Apfel

Was noch?

- o ____________________
- o ____________________
- o ____________________
- o ____________________
- o ____________________
- o ____________________
- o ____________________
- o ____________________
- o ____________________
- o ____________________
- o ____________________
- o ____________________

Flocken-Müsli

Mengen nach Bedarf und Personen

- Haferflocken
- Gerstenflocken
- Hirseflocken
- Haferkleie
- Weizenkeime
- Stachelbeerkonfitüre
- getrocknete Aprikosen
- Rosinen
- getrocknete Schalen von einer Apfelsine

Für dieses Müsli brauchen wir getrocknete Apfelsinenschalen. Vor dem Schälen der Apfelsine müssen wir diese gründlich waschen. Die Schalen in sehr kleine Stückchen schneiden und dann trocknen. Die getrockneten Aprikosen in kleine Stückchen schneiden. Für das Müsli alle Zutaten miteinander vermischen.

Einkaufsliste: Flocken-Müsli

- 1 Pckg. Haferflocken
- 1 Pckg. Gerstenflocken
- 1 Pckg. Hirseflocken
- 1 Pckg. Haferkleie
- 1 Pckg. Weizenkeime
- 1 kleines Glas Stachelbeerkonfitüre
- 1 Tüte getrocknete Aprikosen
- 1 Tüte Rosinen
- 1 Apfelsine

Was noch?

- __________
- __________
- __________
- __________
- __________
- __________
- __________
- __________
- __________
- __________
- __________
- __________

Müsli mit Orange

Zutaten für 2 Personen

- 1 Orange
- Haferflocken (Menge nach Belieben)
- 1 EL gemahlene Mandeln
- 1 TL Honig
- etwas Wasser

Orange schälen, Fruchtstücke in kleine Stückchen schneiden, mit den Haferflocken, gemahlenen Mandeln, Honig und ein wenig Wasser vermischen.

Müsli

Einkaufsliste: Müsli mit Orange

- 1 Orange
- 1 Pckg. Haferflocken
- 1 Tüte gemahlene Mandeln
- 1 kleines Glas Honig

Was noch?

- ____________________
- ____________________
- ____________________
- ____________________
- ____________________
- ____________________
- ____________________
- ____________________
- ____________________
- ____________________
- ____________________
- ____________________

Jogurtmüsli mit Birnen

**Zutaten
für 2 Personen**

- 2 Birnen
- Saft einer halben Zitrone
- 1 EL Agavendicksaft
- 2 TL geschroteter Leinsamen
- 2 EL Weizenkeime
- 2 EL feinblättrige Vollkorn-Haferflocken
- 50 g gehackte Walnusskerne
- 300 g Naturjogurt

Birnen waschen, vierteln, vom Kerngehäuse befreien, in kleine Stückchen schneiden und sofort mit dem Zitronensaft beträufeln. Jogurt mit Agavendicksaft süßen, dann Leinsamen, Weizenkeime, Haferflocken und gehackte Walnusskerne unterrühren.

Einkaufsliste: Jogurtmüsli mit Birnen

- o 2 Birnen
- o 1 Zitrone
- o 2 Becher (à 150 g) Naturjogurt
- o Agavendicksaft
- o 1 Pckg. geschroteter Leinsamen
- o 1 Pckg. Weizenkeime
- o 1 Pckg. feinblättrige Vollkorn-Haferflocken
- o 1 Tüte gehackte Walnusskerne

Was noch?

- o ____
- o ____
- o ____
- o ____
- o ____
- o ____
- o ____
- o ____
- o ____
- o ____
- o ____
- o ____

Tomatensuppe mit Ingwer

Zutaten
für 2 Personen

- 1 EL Olivenöl
- 2 kleine Zwiebeln
- 1 kleines Stück Ingwer
- 220 g Tomaten, geschält, aus der Dose
- 1 TL gemahlener Koriander
- ½ EL Zucker
- ½ Liter Gemüsebrühe (Instant)
- Salz, Pfeffer
- ½ Bund Schnittlauch

Zwiebeln pellen und würfeln. Ingwer putzen und fein hacken. Öl in einem Topf erhitzen, Zwiebeln und Ingwer darin andünsten. Tomaten zerkleinern und mit Koriander, Zucker, Brühe, Salz und Pfeffer dazugeben. Erhitzen und 10 Minuten köcheln lassen.

Schnittlauch waschen, in feine Röllchen schneiden und unterrühren.

Einkaufsliste: Tomatensuppe mit Ingwer

- o Olivenöl (aus dem Vorrat)
- o 2 Zwiebeln
- o 1 kleines Stück Ingwerwurzel
- o 1 große Dose geschälte Tomaten
- o gemahlener Koriander
- o Zucker (aus dem Vorrat)
- o Gemüsebrühe (Instant)
- o Salz, Pfeffer (aus dem Vorrat)
- o 1 Bund Schnittlauch

Was noch?

- o ____________________
- o ____________________
- o ____________________
- o ____________________
- o ____________________
- o ____________________
- o ____________________
- o ____________________
- o ____________________
- o ____________________
- o ____________________
- o ____________________

Maissuppe

Zutaten für 2 Personen

- 3 Tassen Gemüsebrühe (Instant)
- ca. 100 g Mais aus der Dose
- ½ EL Zitronensaft
- Rosenpaprika

Die Brühe mit dem Maiswasser und der Hälfte der Maiskörner mit dem elektrischen Pürierstab pürieren, dann erhitzen.
Den restlichen Mais zufügen, nochmals erwärmen und mit Zitronensaft und Paprika abschmecken.

Einkaufsliste: Maissuppe

- o Gemüsebrühe (Instant)
- o 1 kleine Dose Mais
- o 1 Zitrone
- o Rosenpaprika

Was noch?

- o ______________________
- o ______________________
- o ______________________
- o ______________________
- o ______________________
- o ______________________
- o ______________________
- o ______________________
- o ______________________
- o ______________________
- o ______________________
- o ______________________

Exotische Kohlrabi-Suppe

Zutaten für
2 bis 3 Personen

- 3 Kohlrabi mit Blättern
- 3 größere Kartoffeln
- 1 Zwiebel
- 1 EL Walnussöl
- ¾ l Gemüsebrühe (Instant)
- 1 gehäufter TL Currypulver
- 2 EL Mandelblättchen
- 1 EL Zitronensaft
- Salz
- 1 EL Schnittlauchröllchen
- 2 EL Crème légère

Kohlrabi und Kartoffeln schälen und in kleine Würfel schneiden. Die Blätter vom Kohlrabi abspülen und beiseite legen. Zwiebel pellen und fein hacken. Öl einem Topf erhitzen und darin die Zwiebel darin glasig dünsten. Nun die Kohlrabi- und Kartoffelwürfel hinzufügen und alles zusammen ca. 5 Minuten weiter dünsten. Mit der Gemüsebrühe ablöschen und alles wieder zum Kochen bringen. Die Suppe mit dem Currypulver würzen, die klein geschnittenen Kohlrabiblätter zufügen und zugedeckt bei mittlerer Hitze 20 Minuten köcheln lassen, bis das Gemüse völlig weich ist. Nun die Suppe mit einem elektrischen Pürierstab pürieren.

Die Mandelblättchen in einer beschichteten Pfanne ohne Zugabe von Fett rösten und in die Suppe geben. Einmal umrühren und den Topf vom Herd nehmen. Zum Schluss mit etwas Zitronensaft und Salz abschmecken und die Schnittlauchröllchen und Crème légère unterziehen.

Einkaufsliste: Exotische Kohlrabi-Suppe

- o 3 Kohlrabi mit Blättern
- o 3 größere Kartoffeln
- o 1 Zwiebel
- o Walnussöl
- o Gemüsebrühe (Instant)
- o Currypulver
- o Mandelblättchen
- o 1 Zitrone
- o Salz (aus dem Vorrat)
- o 1 Bund Schnittlauch
- o 1 kleiner Becher Crème légère

Was noch?

- o ____________________
- o ____________________
- o ____________________
- o ____________________
- o ____________________
- o ____________________
- o ____________________
- o ____________________
- o ____________________
- o ____________________
- o ____________________
- o ____________________

Kalte Knoblauch-Mandelsuppe

Zutaten für 2 bis 3 Personen

- 75 g süße Mandeln ohne Haut
- 500 ml Magermilch
- 5 Knoblauchzehen
- 100 g Weißbrot
- 75 g Olivenöl
- 50 g kernlose Weintrauben
- ½ EL Pinienkerne
- Salz, Pfeffer

Die Mandelkerne in einem Mixer fein mahlen, einen Tag in der Milch einweichen und kalt stellen.

Am nächsten Tag die Milch-Mandel-Masse durch ein Sieb pressen, die Milch beiseite stellen. Knoblauchzehen pellen und hacken. Vom Weißbrot die Rinde entfernen und in kleine Stücke zupfen. Weißbrotstücke und Knoblauch in die Mandelmilch geben und alles mit dem Pürierstab fein pürieren. Das Öl nach und nach zugeben, so dass alles gut gebunden wird. Eher weniger Öl verwenden. Die Trauben waschen und halbieren. Pinienkerne in einer beschichteten Pfanne ohne Fett rösten.

Zum Schluss die Mandelmasse zugeben, mit Salz und Pfeffer würzen und vor dem Anrichten mit Trauben und den gerösteten Pinienkernen servieren. Eignet sich auch gut als Vorspeise.

Einkaufsliste: Kalte Knoblauch-Mandelsuppe

- o 1 Tüte süße Mandeln ohne Haut
- o 500 ml Magermilch
- o 1 Knoblauchknolle
- o Weißbrot
- o Olivenöl (aus dem Vorrat)
- o 50 g kernlose Weintrauben
- o Pinienkerne
- o Salz, Pfeffer (aus dem Vorrat)

Was noch?

- o ______________________________
- o ______________________________
- o ______________________________
- o ______________________________
- o ______________________________
- o ______________________________
- o ______________________________
- o ______________________________
- o ______________________________
- o ______________________________
- o ______________________________
- o ______________________________

Schnelle Lauchsuppe

Zutaten
für 4 Personen

- 4 Lauchstangen
- 1 l Gemüsebrühe (Instant)
- Salz, Pfeffer
- 1 Bund Schnittlauch
- frischer Liebstöckel

Lauch putzen, gründlich unter fließend kaltem Wasser abspülen und in Ringe schneiden.

In einem Topf die Brühe aufkochen. Den Lauch darin garen, bis er weich ist, aber noch nicht zerfällt. Mit Salz und Pfeffer würzen.

Schnittlauch und Liebstöckel fein schneiden und die Suppe damit bestreuen.

Einkaufsliste: Schnelle Lauchsuppe

- 4 Lauchstangen
- Gemüsebrühe (Instant)
- 1 Bund Schnittlauch
- frischer Liebstöckel
- Salz, Pfeffer (aus dem Vorrat)

Was noch?

- ___
- ___
- ___
- ___
- ___
- ___
- ___
- ___
- ___
- ___
- ___
- ___

Gurkencreme-Suppe

Zutaten für 2 Personen

- 1 Salatgurke
- ½ Gemüsebrühwürfel
- 1 Becher Naturjogurt
- Salz, Pfeffer
- 1 Knoblauchzehe
- ½ TL Zitronensaft
- 1 EL frisch gehackter Dill
- Zucker bei Bedarf

Gurke waschen und schälen und in kleine Würfel schneiden. Brühwürfel in einem Topf mit etwas warmem Wasser erhitzen, bis er aufgelöst ist, dann die Gurkenwürfel hinzufügen und dünsten, bis sie leicht glasig sind. Jogurt mit Zitronensaft, Pfeffer, Salz und der gepellten und zerdrückten Knoblauchzehe gut verrühren und über die Gurken gießen.

Den Topf vom Herd nehmen und mit dem elektrischen Pürierstab pürieren. Dann nochmals kurz anwärmen und vor dem Servieren mit gehacktem Dill überstreuen.

Wer mag, kann alles noch mit einer Prise Zucker abschmecken.

Einkaufsliste: Gurkencreme-Suppe

- o 1 Salatgurke
- o Gemüsebrühwürfel (aus dem Vorrat)
- o 1 Becher magerer Naturjogurt (200 g)
- o Salz, Pfeffer (aus dem Vorrat)
- o 1 Knoblauchknolle
- o 1 Zitrone
- o 1 Bund Dill
- o Zucker (aus dem Vorrat)

Was noch?

- o ____________________
- o ____________________
- o ____________________
- o ____________________
- o ____________________
- o ____________________
- o ____________________
- o ____________________
- o ____________________
- o ____________________
- o ____________________
- o ____________________

Frühlingssuppe

Zutaten für 2 Personen

- 70 g Möhren
- 70 g Sellerie
- 70 g Lauch (Porree)
- 70 g Blumenkohl
- 1 l Brühe (Instant)
- Salz, Pfeffer
- 1 Prise Muskat
- 1 EL gehackte Petersilie

Gemüse waschen, putzen bzw. schälen und alles in feine Streifen schneiden. Brühe zum Kochen bringen und das Gemüse darin garen. Suppe mit Salz, Pfeffer und Muskat würzen.

Vor dem Servieren mit frischer gehackter Petersilie bestreuen.

Einkaufsliste: Frühlingssuppe

- 3 Möhren
- 1 kleine Sellerieknolle
- 1 Porreestange
- 1 kleiner Blumenkohl
- Brühe (Instant)
- Salz, Pfeffer (aus dem Vorrat)
- Muskat
- 1 Bund Petersilie

Was noch?

- __________
- __________
- __________
- __________
- __________
- __________
- __________
- __________
- __________
- __________
- __________
- __________

Blumenkohlsuppe mit Käseklößchen

Zutaten für 3 Personen

- 40 g alter Gouda
- ⅛ l Magermilch
- 10 g Butter
- Salz, Pfeffer
- gemahlene Muskatnuss
- 50 g Grieß
- 1 Eigelb
- 1 kleiner Blumenkohl
- 1 l Gemüsebrühe (Instant)
- 1 Bund Petersilie

Den alten Gouda reiben. Milch mit Butter und Muskat aufkochen und mit Salz und Pfeffer abschmecken. Dann den Grieß einstreuen und ausquellen lassen, bis sich ein Kloß gebildet hat. Sofort Eigelb und Käse unterrühren und alles etwas abkühlen lassen.

Aus dem Grießteig mit einem Löffel kleine walnussgroße Kugeln formen. In einem Topf mit reichlich Salzwasser die Klößchen aufkochen und bei mittlerer Hitze so lange ziehen lassen, bis sie an die Oberfläche aufsteigen. Dabei darf das Wasser nicht kochen! Dann die Klößchen mit einem Schaumlöffel herausnehmen und beiseite stellen.

Blumenkohl putzen, waschen und in kleine Röschen teilen. Gemüsebrühe aufkochen. Blumenkohl hineingeben und ca. 10 Minuten köcheln lassen.

Zum Schluss die gehackte Petersilie und die Klößchen in die Suppe geben und alles aufwärmen, aber nicht mehr kochen lassen. Alles nochmals mit Salz, Pfeffer und Muskat abschmecken.

Einkaufsliste: Blumenkohlsuppe mit Käseklößchen

- o 40 g alter Gouda
- o ½ l Magermilch
- o Butter (aus dem Vorrat)
- o Salz, Pfeffer (aus dem Vorrat)
- o gemahlene Muskatnuss
- o 1 Pckg. Grieß
- o 1 Ei
- o 1 kleiner Blumenkohl
- o Gemüsebrühe (Instant)
- o 1 Bund Petersilie

Was noch?

- o ______________________
- o ______________________
- o ______________________
- o ______________________
- o ______________________
- o ______________________
- o ______________________
- o ______________________
- o ______________________
- o ______________________
- o ______________________
- o ______________________

Chinesische Nudelsuppe

Zutaten für 3 bis 4 Personen

- 200 g Schweinefilet
- 2 TL Stärkemehl
- 3 EL Sojasauce
- 1 EL Sherry
- 40 g Glasnudeln
- 125 g Lauchzwiebeln
- 125 g Champignons
- 1 EL Sesamöl
- ¾ Liter Hühnerbrühe (Instant)
- Salz, Pfeffer

Das Schweinefilet waschen, mit Küchenkrepp trockentupfen und in dünne Streifen schneiden. 1 TL Stärkemehl mit 1 EL Sojasauce und Sherry verrühren und das Fleisch darin ca. 20 Minuten marinieren.

Glasnudeln in warmem Wasser ca. 15 Minuten einweichen und anschließend in Salzwasser ca. 10 Minuten garen und abgießen.

Lauchzwiebeln putzen und in Ringe schneiden. Champignons waschen, auf Küchenkrepp abtropfen lassen und in Scheiben schneiden.

In einer Pfanne Sesamöl erhitzen und das Fleisch mit den Zwiebeln anbraten. Dann die Champignons zufügen und kurz mitschmoren.

In einem Topf die Brühe zum Kochen bringen, den Pfanneninhalt und die Glasnudeln zufügen. Einmal aufkochen lassen und mit dem in wenig kaltem Wasser angerührten restlichen Stärkemehl binden. Mit Sojasauce und Pfeffer abschmecken.

Einkaufsliste: Chinesische Nudelsuppe

- 200 g Schweinefilet
- 1 Pckg. Stärkemehl
- Sojasauce
- Sherry
- 1 Pckg. Glasnudeln
- 125 g Lauchzwiebeln
- 125 g Champignons
- 1 kleine Flasche Sesamöl
- Hühnerbrühe (Instant)
- Salz, Pfeffer (aus dem Vorrat)

Was noch?

- ______________________
- ______________________
- ______________________
- ______________________
- ______________________
- ______________________
- ______________________
- ______________________
- ______________________
- ______________________
- ______________________
- ______________________

Avocadosuppe mit Schinken

Zutaten für 3 bis 4 Personen

- 1 Zwiebel
- 100 g magerer Schinken
- 1 TL Öl
- ½ Liter Hühnerbrühe (Instant)
- ⅛ Liter trockener Weißwein
- 3 Avocados
- 3 EL Crème légère
- Salz, Pfeffer
- Muskatnuss

Zwiebel pellen und fein würfeln. Schinken in kleine Würfel schneiden und im heißen Öl anbraten. Zwiebelwürfel zufügen und glasig dünsten. Dann alles mit Brühe und Wein ablöschen.

Avocados längs halbieren, entkernen, das Fruchtfleisch auslöffeln und im Mixer pürieren, mit Crème légère verrühren und alles unter die Brühe ziehen.

Zum Schluss mit Salz, Pfeffer und Muskatnuss würzen.

Einkaufsliste: Avocadosuppe mit Schinken

- 1 Zwiebel
- 100 Gramm magerer Schinken
- Öl (aus dem Vorrat)
- Hühnerbrühe (Instant)
- 1 Flasche trockener Weißwein
- 3 Avocados
- 1 Becher Crème légère
- Salz, Pfeffer (aus dem Vorrat)
- Muskatnuss

Was noch?

- ____________________
- ____________________
- ____________________
- ____________________
- ____________________
- ____________________
- ____________________
- ____________________
- ____________________
- ____________________
- ____________________
- ____________________

Pikante Erbsensuppe mit Minze

**Zutaten
für 2 Personen**

- 200 g Erbsen (TK)
- 3 Tassen Gemüsebrühe (Instant)
- 1 Blatt Minze
- Pfeffer
- 1 TL Crème légère

Die Erbsen in der Gemüsebrühe 20 Minuten garen, bis sie weich sind. Das Blatt Minze fein hacken und den Erbsen zufügen. Mit dem Pürierstab alles pürieren und mit Pfeffer würzen. Vor dem Servieren Crème légère unterziehen.

Einkaufsliste: Pikante Erbsensuppe mit Minze

- 200 g Erbsen (TK)
- Gemüsebrühe (Instant)
- 1 Blatt Minze
- Pfeffer (aus dem Vorrat)
- 1 Becher Crème légère

Was noch?

- ______
- ______
- ______
- ______
- ______
- ______
- ______
- ______
- ______
- ______
- ______
- ______

Spinatsuppe

Zutaten
für 4 Personen

- 420 g Spinat (TK)
- 1 Zwiebel
- ½ Stange Porree
- 750 ml Gemüsebrühe (Instant)
- 200 ml fettarme Milch
- Pfeffer
- Muskat

Spinat auftauen lassen, Zwiebel pellen und in Würfel schneiden, Porree putzen, waschen und in Ringe schneiden. Gemüsebrühe zum Kochen bringen, Gemüse hinzufügen und alles gar kochen.

Dann mit dem elektrischen Pürierstab alles pürieren und die Milch unterrühren. Nochmals erwärmen, aber nicht mehr kochen lassen. Mit Pfeffer und Muskat abschmecken.

Einkaufsliste: Spinatsuppe

- o 420 g Spinat (TK)
- o 1 Zwiebel
- o 1 Stange Porree
- o Gemüsebrühe (Instant)
- o ½ fettarme Milch
- o Pfeffer (aus dem Vorrat)
- o Muskat

Was noch?

- o ____________________
- o ____________________
- o ____________________
- o ____________________
- o ____________________
- o ____________________
- o ____________________
- o ____________________
- o ____________________
- o ____________________
- o ____________________
- o ____________________

Fruchtige Karottensuppe mit Schinken

Zutaten für 2 Personen

- 300 g Möhren (Karotten)
- 500 ml klare Gemüsebrühe (Instant)
- ½ Orange
- 30 g Crème légère
- 30 g Lachsschinken in Scheiben
- 1 EL Schnittlauch

Möhren putzen und in Scheiben schneiden. Die Gemüsebrühe zum Kochen bringen und die Möhrenscheiben darin weich kochen. Dann alles mit dem elektrischen Pürierstab pürieren. Den Saft einer halben Orange mit der Crème légère unterrühren.

Lachsscheiben in Streifen schneiden und in einer beschichteten Pfanne ohne weitere Zugabe von Fett knusprig braten.

Die Suppe in Teller füllen und mit den Schnittlauchröllchen und dem gebratenen Lachsschinken garnieren.

Einkaufsliste: Fruchtige Karottensuppe mit Schinken

- o 300 g Möhren
- o klare Gemüsebrühe (Instant)
- o 1 Becher Crème légère (150 g)
- o 30 g Lachsschinken in Scheiben
- o 1 Orange
- o 1 Bund Schnittlauch

Was noch?

- o ____________________
- o ____________________
- o ____________________
- o ____________________
- o ____________________
- o ____________________
- o ____________________
- o ____________________
- o ____________________
- o ____________________
- o ____________________
- o ____________________

Brokkolisuppe mit Muskat

Zutaten für 2 Personen

- 1 Zwiebel
- 1 TL Öl
- 200 g Brokkoli
- 350 ml klare Gemüsebrühe (Instant)
- 1 Kartoffel
- 50 ml fettarme Milch
- Salz, Pfeffer
- Muskat

Zwiebel pellen, klein hacken und in einem Topf im heißen Öl andünsten. Brokkoli waschen und in Röschen zerteilen. Brokkoliröschen zu den Zwiebeln hinzufügen und die Gemüsebrühe aufgießen. Die Kartoffel schälen und in kleine Würfel schneiden und zu dem Gemüse geben.

Alles ca. 25 Minuten köcheln lassen, dann Milch hinzugeben und die Suppe mit einem Pürierstab pürieren. Mit Salz, Pfeffer und Muskat abschmecken.

Einkaufsliste: Brokkolisuppe mit Muskat

- o 1 Zwiebel
- o Öl (aus dem Vorrat)
- o 200 g Brokkoli
- o klare Gemüsebrühe (Instant)
- o 1 Kartoffel
- o ½ l fettarme Milch
- o Salz, Pfeffer (aus dem Vorrat)
- o Muskat

Was noch?

- o ______
- o ______
- o ______
- o ______
- o ______
- o ______
- o ______
- o ______
- o ______
- o ______
- o ______
- o ______

Pariser Zwiebelsuppe

Zutaten
für 4 Personen

- 4 mittelgroße Zwiebeln
- 1 EL Halbfettbutter
- 2 TL Mehl
- 1 l Gemüsebrühe (Instant)
- Salz, Pfeffer
- 4 Scheiben Weißbrot
- 4 TL geriebener, fettarmer Käse

Die Zwiebel pellen und in Scheiben schneiden. Die Halbfettbutter in einem kleinen Topf auslassen und die Zwiebelwürfel bei schwacher Hitze goldgelb dünsten. Dann das Mehl darüber stäuben und unterrühren. Nun die Brühe aufgießen und alles ca. 10 Minuten köcheln lassen.

Inzwischen in einer beschichteten Pfanne ohne Zugabe von Fett das in Würfeln geschnittene Weißbrot goldgelb rösten.

Die Suppe in Suppentassen füllen und mit den gerösteten Weißbrotwürfeln und dem geriebenen Käse bestreuen.

Einkaufsliste: Pariser Zwiebelsuppe

- 4 mittelgroße Zwiebeln
- 1 Becher Halbfettbutter
- Mehl (aus dem Vorrat)
- 1 Glas Gemüsebrühe (Instant)
- Salz, Pfeffer (aus dem Vorrat)
- 1 halbes Weißbrot
- 1 Tüte geriebener, fettarmer Käse

Was noch?

- ______________________
- ______________________
- ______________________
- ______________________
- ______________________
- ______________________
- ______________________
- ______________________
- ______________________
- ______________________
- ______________________
- ______________________

Eisbergsalat mit Schafskäse

Zutaten
für 4 Personen

- 1 Eisbergsalat
- 1 rote Paprika
- 1 grüne Paprika
- 2 Knoblauchzehen
- 175 g Schafskäse
- 1 Becher Magermilchjogurt
- 2 EL Olivenöl
- 1 Päckchen Salatkräuter (TK)
- Salz, Pfeffer
- 100 g schwarze Oliven

Salatblätter lösen, verputzen, trockenschütteln und in mundgerechte Stücke zupfen. Paprikaschoten waschen, halbieren, entkernen und in feine Streifen schneiden. Knoblauchzehen pressen und mit dem Schafskäse, Jogurt und Öl pürieren. Kräuter unterziehen und mit Salz und Pfeffer abschmecken.

Eisbergsalat auf vier Tellern anrichten und mit den Paprikastreifen und halbierten Oliven dekorieren. Dressing separat dazu reichen.

Einkaufsliste: Eisbergsalat mit Schafskäse

- o 1 Eisbergsalat
- o 1 rote Paprika
- o 1 grüne Paprika
- o 1 Knoblauchknolle
- o 175 g Schafskäse
- o 1 Becher Magermilchjogurt (0,1 %)
- o Olivenöl (aus dem Vorrat)
- o 1 Päckchen Salatkräuter (TK)
- o Salz, Pfeffer (aus dem Vorrat)
- o 100 g schwarze Oliven

Was noch?

o ____________________

o ____________________

o ____________________

o ____________________

o ____________________

o ____________________

o ____________________

o ____________________

o ____________________

o ____________________

o ____________________

o ____________________

Tomatensalat mit Honigmelone

Zutaten
für 4 Personen

- 4 TL Öl
- 8 TL Honig
- 4 EL Essig
- Salz, Pfeffer
- Süßstoff, flüssig
- 12 Tomaten
- 1 Honigmelone
- 2 rote Zwiebeln
- 200 g Schafskäse

Aus Öl, Honig und Essig ein Dressing anrühren und mit Salz, Pfeffer und Süßstoff abschmecken. Tomaten und das Fruchtfleisch der Melone klein schneiden. Zwiebeln pellen und in Würfel schneiden. Schafskäse mit der Gabel zerbröseln.

Alles mit dem Dressing vermengen und ca. 15 Minuten ziehen lassen.

Einkaufsliste: Tomatensalat mit Honigmelone

- o Öl (aus dem Vorrat)
- o 1 kleines Glas Honig
- o Essig (aus dem Vorrat)
- o Salz, Pfeffer (aus dem Vorrat)
- o Süßstoff, flüssig
- o 12 Tomaten
- o 1 Honigmelone
- o 2 rote Zwiebeln
- o 200 g Schafskäse

Was noch?

- o ______________________________
- o ______________________________
- o ______________________________
- o ______________________________
- o ______________________________
- o ______________________________
- o ______________________________
- o ______________________________
- o ______________________________
- o ______________________________
- o ______________________________
- o ______________________________

Blumenkohl-Orangensalat

Zutaten für 2 Personen

- 1 ½ Bananen
- 1 TL Mandelmus
- Saft einer halben Zitrone
- 2 EL Sonnenblumenöl
- etwas Meersalz
- etwas gemahlene Kurkumawurzel
- ½ Blumenkohl
- 3 Blutorangen

Für das Dressing Bananen mit der Gabel sehr fein zerdrücken und mit dem Mandelmus, Zitronensaft und Öl glatt rühren. Mit Salz und Kurkumawurzel abschmecken. Blumenkohl mindestens 2 Stunden wässern und anschließend unter fließendem Wasser abspülen. Dann den Blumenkohl sehr fein hobeln oder raspeln. Die Orangen schälen, filetieren und in kleine Stücke schneiden.

Blumenkohl und Orangen mit dem Dressing vermischen und ca. 20 Minuten ziehen lassen.

Einkaufsliste: Blumenkohl-Orangensalat

- o 2 Bananen
- o 1 Glas Mandelmus
- o 1 Zitrone
- o Sonnenblumenöl (aus dem Vorrat)
- o Meersalz
- o 1 Tüte gemahlene Kurkumawurzel
- o 1 Blumenkohl
- o 3 Blutorangen

Was noch?

- o ______
- o ______
- o ______
- o ______
- o ______
- o ______
- o ______
- o ______
- o ______
- o ______
- o ______
- o ______

Putensalat

Zutaten für 2 Personen

- 125 g geräucherte Putenbrust
- ½ Apfel
- 1 rote Paprikaschote
- ½ Zwiebel
- 1 EL Olivenöl
- Saft einer halben Zitrone
- 3 EL Magerjogurt (0,1 %)
- 1 EL Kräuteressig
- 100 g Mais (aus der Dose)
- 1 EL Schnittlauchröllchen

Putenbrust in Streifen schneiden. Apfel und Paprika waschen, halbieren, entkernen und in kleine Stücke schneiden. Zwiebel pellen und würfeln. Putenbruststreifen, Apfel- und Paprikastücke und Zwiebelwürfel miteinander vermischen.

Aus Öl, Zitronensaft, Jogurt und Essig eine Marinade anrühren. Mais und Schnittlauchröllchen unterrühren und alles über den Salat gießen.

Einkaufsliste: Putensalat

- o 125 g geräucherte Putenbrust
- o 1 Apfel
- o 1 rote Paprikaschote
- o 1 Zwiebel
- o Olivenöl (aus dem Vorrat)
- o 1 Zitrone
- o 1 kleiner Becher Magerjogurt (0,1 %)
- o Kräuteressig (aus dem Vorrat)
- o 1 kleine Dose Mais
- o 1 Bund Schnittlauch

Was noch?

- o ______________________
- o ______________________
- o ______________________
- o ______________________
- o ______________________
- o ______________________
- o ______________________
- o ______________________
- o ______________________
- o ______________________
- o ______________________
- o ______________________

Fruchtiger Rindfleischsalat

Zutaten für 4 Personen

- 400 g Rindersteak (TK Aldi)
- 2 rote Paprikaschoten
- 400 g Ananasstücke aus der Dose
- 1 große Dose Champignons
- Chilisauce
- 350 g Silberzwiebeln
- 200 g Reis
- Essig
- Salz, Pfeffer

Steak nach Packungsanweisung braten, dann 10 Minuten ruhen lassen. Reis nach Packungsanweisung kochen und über einem Sieb abtropfen lassen.

Paprikaschoten waschen, säubern, entkernen und in kleine Streifen schneiden. Dann ca. 3 Minuten in leicht gesalzenem Wasser kochen.

Ca. 175 ml Ananas- und Champignonsaft verrühren, in eine Salatschüssel gießen und mit der Chilisauce verrühren. Dann den Reis untermengen und die Champignons, Silberzwiebeln, Ananas und Paprika unterrühren. Steak in kleine Stücke schneiden, untermengen und alles mit Essig, Salz und Pfeffer abschmecken.

Einkaufsliste: Fruchtiger Rindfleischsalat

- o 400 g Rindersteak (TK Aldi)
- o 2 rote Paprikaschoten
- o 1 Dose Ananasstücke (Füllmenge 560 g)
- o 1 große Dose Champignons
- o 1 Flasche Chilisauce
- o 1 Glas Silberzwiebeln
- o 1 Pckg. Reis
- o Essig (aus dem Vorrat)
- o Salz, Pfeffer (aus dem Vorrat)

Was noch?

- o ______
- o ______
- o ______
- o ______
- o ______
- o ______
- o ______
- o ______
- o ______
- o ______
- o ______
- o ______

Chinakohlsalat

Zutaten
für 4 Personen

- 1 TL Honig
- 2 EL Weinessig
- 3 EL Brühe (aus Brühwürfel)
- 2 EL Öl
- Salz, Pfeffer
- Ingwerpulver
- 250 g Chinakohl
- 8 Radieschen
- 1 kleiner Apfel
- 4 EL geröstete Erdnüsse

Für das Dressing Honig, Essig und Öl verrühren, mit der Brühe kurz erhitzen, aber nicht kochen, dann mit Salz, Pfeffer und Ingwerpulver abschmecken und wieder abkühlen lassen.

Chinakohl waschen und in kleine mundgerechte Stücke schneiden. Radieschen waschen und in dünne Scheiben schneiden. Große Radieschenscheiben nochmals halbieren. Apfel schälen, halbieren, entkernen und in kleine Würfel schneiden.

Alle Salatzutaten in einer Schüssel miteinander vermengen und das Dressing unterrühren. In einer beschichteten Pfanne ohne Zugabe von Fett die Erdnüsse rösten und über den Salat streuen.

Einkaufsliste: Chinakohlsalat

- Honig (aus dem Vorrat)
- Weinessig (aus dem Vorrat)
- 1 Pckg. Brühwürfel
- Öl (aus dem Vorrat)
- Salz, Pfeffer (aus dem Vorrat)
- Ingwerpulver
- 250 g Chinakohl
- 1 Bund Radieschen
- 1 kleiner Apfel
- 1 Tüte Erdnüsse

Was noch?

- __________
- __________
- __________
- __________
- __________
- __________
- __________
- __________
- __________
- __________
- __________
- __________

Weizensalat mit Früchten

Zutaten für 2 Personen

- 200 g Weizenkörner
- 1 EL Rosinen
- ½ Apfel
- 2 Ananasscheiben
- ½ Orange
- ½ Birne
- 1 TL Zitronensaft von einer frischen Zitrone
- 1 TL frischen Orangensaft
- 1 TL Crème légère
- 1 TL Curry
- ½ TL Rohrzucker
- Salz, Pfeffer
- 1 TL Mandelstifte
- grüne Salatblätter

Den Weizen zwei Stunden in kaltem Wasser einweichen und ca. 45 min. weich sieden. Aus den Säften, der Crème légère, dem Curry und den Gewürzen eine Sauce anrühren. Apfel und Birne schälen, entkernen, in kleine Würfel schneiden und unter die Sauce rühren. Die Orange filetieren, die Ananasscheiben würfeln und ebenfalls unterrühren.

Zum Schluss die Weizenkörner zugeben und untermengen. Den Salat auf grünen Salatblättern anrichten und mit den Mandelstiften bestreuen.

Einkaufsliste: Weizensalat mit Früchten

- o 200 g Weizenkörner
- o 1 Tüte Rosinen (200 g)
- o 1 kleine Dose Ananasscheiben
- o 1 Apfel
- o 1 Orange
- o 1 Birne
- o 1 Zitrone
- o 1 kleiner Becher Crème légère
- o Curry
- o Rohrzucker
- o Salz, Pfeffer (aus dem Vorrat)
- o 1 Tüte Mandelstifte
- o 1 kleiner Kopfsalat

Was noch?

- o ______________________
- o ______________________
- o ______________________
- o ______________________
- o ______________________
- o ______________________
- o ______________________
- o ______________________
- o ______________________
- o ______________________
- o ______________________
- o ______________________

Feurig-pikanter Hähnchensalat

Zutaten für 4 Personen

- 400 g Hähnchenbrustfilet
- 2 EL Kefir
- 300 g Möhren
- 200 g Frühlingszwiebeln
- 200 g Mungobohnensprossen
- Salz
- 1 ½ EL Öl
- 2 rote Chilischoten
- 20 g frische Ingwerwurzel
- 3 EL Zitronensaft
- Rohrzucker
- 2 TL Sojasauce
- 150 g Erdnusscreme

Hähnchenbrustfilet mit Kefir einpinseln und ca. 1 Stunde abgedeckt einziehen lassen.

Möhren schälen und raspeln. Frühlingszwiebeln putzen und in dünne Scheiben schneiden. Mungobohnensprossen waschen, verlesen, in kochendem Salzwasser blanchieren und über einem Sieb abtropfen lassen. In einer Pfanne Öl erhitzen lassen, das Hähnchenfleisch mit Küchenkrepp abtupfen und von beiden Seiten ca. 6 Minuten zugedeckt braten. Anschließend abkühlen lassen.

Für die Sauce die Chilischoten halbieren, entkernen und sehr fein würfeln. Ingwer schälen und fein reiben. Chilischoten, Ingwer, Zitronensaft, 1 Prise Zucker, Salz und Sojasauce verrühren. Die Erdnusscreme mit ca. 120 ml lauwarmem Wasser glatt verrühren. In einer Schüssel die Möhren, Zwiebeln, Sprossen und Hähnchenfleisch miteinander vermengen und die Erdnusssauce unterziehen.

Einkaufsliste: Feurig-pikanter Hähnchensalat

- o 400 g Hähnchenbrustfilet
- o 1 Becher Kefir
- o 300 g Möhren
- o 200 g Frühlingszwiebeln
- o 200 g Mungobohnen-sprossen
- o Salz (aus dem Vorrat)
- o Öl (aus dem Vorrat)
- o 2 rote Chilischoten
- o 20 g frische Ingwerwurzel
- o 1 Zitrone
- o Rohrzucker (aus dem Vorrat)
- o Sojasauce
- o 1 Becher Erdnusscreme

Was noch?

- o ______
- o ______
- o ______
- o ______
- o ______
- o ______
- o ______
- o ______
- o ______
- o ______
- o ______
- o ______

Lauch-Nudelsalat

Zutaten
für 4 Personen

- ½ Bund Basilikum
- 3 EL Olivenöl
- 3 EL Rotweinessig
- 75 g Parmesan
- Salz, Pfeffer
- 200 g Vollkornnudeln (Spiralen)
- 175 g Lauch
- 75 g Walnusskerne, grob gehackt

Für das Dressing Basilikum abspülen, trockentupfen und einzelne Blättchen abzupfen. Öl und Essig verrühren, Parmesan und die Basilikumblättchen hinzufügen und mit Salz und Pfeffer würzen. Alles gut verrühren.

Nudeln nach Packungsanweisung »al dente« kochen, über einem Sieb abgießen, mit kaltem Wasser abschrecken und abtropfen lassen. Lauch gründlich waschen und in sehr feine Ringe schneiden. Alle Zutaten in einer Salatschüssel gut mit dem Dressing vermischen und mit den Nüssen bestreuen.

Einkaufsliste: Lauch-Nudelsalat

- 1 Bund Basilikum
- Olivenöl (aus dem Vorrat)
- Rotweinessig (aus dem Vorrat)
- 75 g Parmesan
- Salz, Pfeffer
  (aus dem Vorrat)
- 200 g Vollkornnudeln
  (Spiralen)
- 175 g Lauch
- 1 Tüte gehackte
  Walnusskerne

Was noch?

- ____________________
- ____________________
- ____________________
- ____________________
- ____________________
- ____________________
- ____________________
- ____________________
- ____________________
- ____________________
- ____________________
- ____________________

Niedersächsischer Kartoffelsalat

Zutaten
für 2 Personen

- 2 EL Senf
- 5 EL Crème légère
- 2 bis 3 EL Kräuteressig
- Zucker
- Salz, Pfeffer
- 500 g Pellkartoffeln
- 1 Bund Frühlings-zwiebeln
- 1 rote Paprikaschote
- 1 grüne Gurke

Für das Dressing Senf, Crème légère und Essig verrühren. Alles mit Zucker, Salz und Pfeffer abschmecken. Kartoffeln pellen und in Scheiben schneiden. Zwiebeln putzen und in Streifen schneiden. Paprika waschen, halbieren, entkernen und in dünne Streifen schneiden. Gurke schälen, eventuell entkernen und in kleine Stücke schneiden.

Kartoffeln und Gemüse in eine Salatschüssel geben und das Dressing unterrühren.

Einkaufsliste: Niedersächsischer Kartoffelsalat

- o Senf
- o 1 Becher Crème légère
- o Kräuteressig (aus dem Vorrat)
- o Zucker (aus dem Vorrat)
- o Salz, Pfeffer (aus dem Vorrat)
- o 500 g Kartoffeln
- o 1 rote Paprikaschote
- o 1 Salatgurke
- o 1 Bund Frühlingszwiebeln

Was noch?

- o ____________________
- o ____________________
- o ____________________
- o ____________________
- o ____________________
- o ____________________
- o ____________________
- o ____________________
- o ____________________
- o ____________________
- o ____________________
- o ____________________

Feldsalat mit Champignons

**Zutaten
für 2 Personen**

- 250 g Feldsalat oder Rucola
- 150 g Champignons
- 1 Zwiebel
- 2 EL Olivenöl
- 1 EL Balsamico-Essig
- 1 EL Zitronensaft
- Salz, Pfeffer
- 1 EL frisches Basilikum

Salat waschen, über einem Sieb abtropfen lassen und klein zupfen. Champignons putzen, waschen, abtropfen lassen und in Scheiben schneiden. Zwiebel pellen und in Ringe schneiden. Alles miteinander vermischen.

Aus Öl, Essig und Zitronensaft ein Dressing zubereiten und mit Salz und Pfeffer abschmecken. Dressing über den Salat gießen und mit Basilikum bestreuen.

Einkaufsliste: Feldsalat mit Champignons

- 250 g Feldsalat oder Rucola
- 150 g Champignons
- 1 Zwiebel
- Olivenöl (aus dem Vorrat)
- Balsamico-Essig (aus dem Vorrat)
- 1 Zitrone
- Salz, Pfeffer (aus dem Vorrat)
- frisches Basilikum

Was noch?

- ______________________
- ______________________
- ______________________
- ______________________
- ______________________
- ______________________
- ______________________
- ______________________
- ______________________
- ______________________
- ______________________
- ______________________

Möhrensalat

Zutaten
für 2 Personen

- 2 EL Distelöl
- 1 Becher Crème légère
- 4 EL Zitronensaft
- Kräutersalz
- Anis
- 2 EL Wasser
- 8 Mohrrüben
- 2 Stangen Lauch
- 1 Fenchelknolle
- einige grüne Salatblätter

Aus Öl, Crème légère und Zitronensaft eine Marinade herstellen und mit Salz und etwas Anis abschmecken. 2 EL Wasser unterrühren.

Möhren waschen, fein raspeln und sofort unter die Salatsauce mischen. Lauch längs aufschneiden, gründlich unter fließendem Wasser abspülen, mit Küchenkrepp trockenreiben und in sehr feine Ringe schneiden. Fenchelknolle vierteln und feinblättrig schneiden. Lauch und Fenchel unter die Marinade mit den Möhren mengen und alles gut umrühren.

Salat auf grünen Salatblättern anrichten.

Einkaufsliste: Möhrensalat

- o 1 kleine Flasche Distelöl
- o 1 Becher Crème légère (150 g)
- o 2 Zitronen
- o Kräutersalz
- o Anis
- o 8 Mohrrüben
- o 2 Stangen Lauch
- o 1 Fenchelknolle
- o 1 kleiner Kopfsalat

Was noch?

- o ______________________
- o ______________________
- o ______________________
- o ______________________
- o ______________________
- o ______________________
- o ______________________
- o ______________________
- o ______________________
- o ______________________
- o ______________________
- o ______________________

Zucchinisalat

Zutaten
für 6 Personen

- 2 EL Zitronensaft
- 4 EL Distelöl
- 1 EL Senf
- 4 EL Magerjogurt (0,1 %)
- 2 Zwiebeln
- 2 Knoblauchzehen, gepresst
- 2 TL Basilikum
- Kräutersalz
- 800 g Zucchini

Für das Dressing Zitronensaft, Öl, Senf und Jogurt zu einem Dressing verrühren. Zwiebeln pellen und fein hacken. Knoblauchzehen pellen und pressen. Zwiebeln und Knoblauch unter das Dressing rühren und alles mit Basilikum und Kräutersalz würzen.

Zucchini schälen, hobeln und in eine Salatschüssel füllen, anschließend das Dressing unterrühren. Ca. 5 Minuten ziehen lassen.

Einkaufsliste: Zucchinisalat

- 1 Zitrone
- 1 kleine Flasche Distelöl
- Senf
- 1 Becher Magerjogurt (0,1 %)
- 2 Zwiebeln
- 1 Knoblauchknolle
- Basilikum
- Kräutersalz
- 1 Zucchini, ca. 800 g

Was noch?

- ____________________
- ____________________
- ____________________
- ____________________
- ____________________
- ____________________
- ____________________
- ____________________
- ____________________
- ____________________
- ____________________
- ____________________

Grüner Salat

Zutaten für 2 Personen

- 100 g Magerjogurt (0,1 %)
- 1 EL Sonnenblumenöl
- 1 EL Schnittlauchröllchen
- ½ EL gehackte Kresse
- 1 Prise Meersalz
- Saft einer halben Zitrone
- ½ kleiner Kopfsalat
- ½ Salatgurke
- 2 Möhren
- 1 kleiner Apfel
- ½ EL Sonnenblumenkerne

Jogurt mit dem Öl vermischen, Schnittlauchröllchen und gehackte Kresse unterziehen und mit Salz und Zitronensaft abschmecken.

Salat waschen, abtropfen lassen, äußere Blätter eventuell entfernen, in mundgerechte Stücke zupfen und in eine Salatschüssel geben. Gurke und Möhren waschen, in Scheiben schneiden und zu dem Salat geben. Alles vermengen. Apfel schälen, halbieren, entkernen, in kleine Stücke schneiden und zu dem Salat hinzufügen. Mit den Sonnenblumenkernen bestreuen und nochmals gut durchrühren. Dann das Dressing über den Salat geben, nochmals umrühren.

Einkaufsliste: Grüner Salat

- 1 Becher Magerjogurt (0,1 %)
- Sonnenblumenöl (aus dem Vorrat)
- 1 Bund Schnittlauch
- frische Kresse
- Meersalz
- 1 Zitrone
- 1 kleiner Kopfsalat
- 1 Salatgurke
- 2 Möhren
- 1 kleiner Apfel
- 1 Tüte Sonnenblumenkerne

Was noch?

- ____________________
- ____________________
- ____________________
- ____________________
- ____________________
- ____________________
- ____________________
- ____________________
- ____________________
- ____________________
- ____________________
- ____________________

Chinesischer Nudelsalat

Zutaten
für 2 Personen

- 150 g chinesische Eiernudeln
- 125 g Sojabohnen-keimlinge
- 125 g gekochtes Rindfleisch
- 1 Bund Radieschen
- 2 Frühlingszwiebeln
- 2 EL Öl
- 3 EL Rotweinessig
- 2 EL Sojasauce
- Zucker
- Salz, Pfeffer

Die Nudeln nach Packungsanweisung zubereiten, über einem Sieb abgießen und mit kaltem Wasser abschrecken.

Die Sojabohnenkeimlinge in kochendes Salzwasser geben, einmal kurz aufkochen lassen, über einem Sieb abgießen, mit kaltem Wasser abschrecken und abtropfen lassen.

Das fertig gekochte Rindfleisch in mundgerechte Stücke schneiden. Radieschen putzen, waschen und in dünne Scheiben schneiden. Frühlingszwiebeln putzen und in Streifen schneiden.

Nun die Nudeln mit einem Esslöffel Öl vermischen. Die klein geschnittenen Zutaten über den Nudeln verteilen. Das restliche Öl mit dem Essig und der Sojasauce verrühren, mit Zucker, Salz und Pfeffer abschmecken und über den Salat gießen.

Einkaufsliste: Chinesischer Nudelsalat

- o 1 Pckg. chinesische Eiernudeln
- o 125 g Sojabohnenkeimlinge
- o 125 g Rindfleisch
- o 1 Bund Radieschen
- o 2 Frühlingszwiebeln
- o Öl (aus dem Vorrat)
- o Rotweinessig (aus dem Vorrat)
- o 1 Flasche Sojasauce
- o Zucker (aus dem Vorrat)
- o Salz, Pfeffer (aus dem Vorrat)

Was noch?

- o ______
- o ______
- o ______
- o ______
- o ______
- o ______
- o ______
- o ______
- o ______
- o ______
- o ______
- o ______

Radieschensalat mit Champignons und Tomaten

Zutaten für 4 Personen

- 100 g Champignons
- 1 Bund Radieschen
- 4 Tomaten
- ½ Bund Schnittlauch
- 2 Knoblauchzehen
- 4 große Salatblätter
- 4 EL Apfelessig
- 1 TL Honig
- 4 EL Magerjogurt
- Salz, Pfeffer

Champignons und Radieschen waschen und in Scheiben schneiden.

Tomaten waschen und würfeln, Schnittlauch in feine Röllchen schneiden, Knoblauch pellen und hacken, Salatblätter klein zupfen.

Für die Marinade Apfelessig mit Honig verrühren und darin die Champignons ca. 60 Minuten marinieren. Jogurt, Knoblauch und Schnittlauch verrühren, mit Salz und Pfeffer abschmecken.

Salatblätter auf vier Teller verteilen. Auf einer Seite die Tomatenwürfel und Radieschenscheiben platzieren, auf die andere Seite die marinierten Champignons anordnen. Über die Tomaten und Radieschen das Jogurtdressing verteilen.

Einkaufsliste: Radieschensalat mit Champignons und Tomaten

- o 100 g Champignons
- o 1 Bund Radieschen
- o 4 Tomaten
- o 1 Bund Schnittlauch
- o 1 Knoblauchknolle
- o 1 Flasche Apfelessig
- o Honig (aus dem Vorrat)
- o 1 Becher Magerjogurt
- o Salz, Pfeffer (aus dem Vorrat)
- o 1 kleiner Kopf Blattsalat

Was noch?

- o ______
- o ______
- o ______
- o ______
- o ______
- o ______
- o ______
- o ______
- o ______
- o ______
- o ______
- o ______

Auberginensalat

Zutaten für 2 Personen

- ½ kg Auberginen
- 4 EL Weinessig
- 3 TL Basilikum
- ½ TL Oregano
- ¼ TL zerstoßener schwarzer Pfeffer
- ¼ TL zerdrückte Knoblauchzehe
- 3 EL Olivenöl
- Salz

Auberginen in kleine Würfel schneiden. In kochendem Wasser 8 bis 10 Minuten ziehen und anschließend abkühlen lassen. Die übrigen Zutaten, außer dem Öl, zu einem Dressing verrühren. Auberginen in eine Salatschüssel geben und mit dem Dressing vermischen.

Etwas durchziehen lassen und zum Schluss das Olivenöl unterziehen und mit Salz abschmecken.

Einkaufsliste: Auberginensalat

- o ½ kg Auberginen
- o Weinessig (aus dem Vorrat)
- o Olivenöl (aus dem Vorrat)
- o Basilikum
- o Oregano
- o schwarze Pfefferkörner
- o 1 Knoblauchknolle
- o Salz (aus dem Vorrat)

Was noch?

- o ______
- o ______
- o ______
- o ______
- o ______
- o ______
- o ______
- o ______
- o ______
- o ______
- o ______
- o ______

Scharfe Kartoffelpfanne

Zutaten für 2 Personen

- 200 g mageres Kasseler
- 1 Knoblauchzehe
- 1 Chilischote
- 1 knapper EL Pflanzenöl
- Salz, Pfeffer
- ½ EL Mehl
- 50 ml Fleischbrühe (Instant)
- 450 g Pellkartoffeln
- 1 rote Paprikaschote
- ½ Stange Lauch
- ½ TL Kreuzkümmel

Kasseler abspülen, mit Küchenkrepp trockentupfen und in Würfel schneiden. Knoblauchzehe pellen und pressen. Chilischote entkernen und in feine Ringe schneiden. In einer Pfanne Öl erhitzen und das Kasseler mit dem Knoblauch und den Chiliringen darin andünsten. Mit Pfeffer würzen und mit dem Mehl überstäuben, anschließend mit der Brühe ablöschen.

Kartoffeln pellen und in Scheiben schneiden, Paprikaschote waschen, halbieren, entkernen und in Streifen schneiden. Den Lauch in Ringe schneiden und das Gemüse in die Pfanne geben. Kreuzkümmel hinzufügen und alles ca. 10 bis 12 Minuten garen. Eventuell nochmals mit Pfeffer und Salz nachwürzen.

Einkaufsliste: Scharfe Kartoffelpfanne

- o 200 g Kasseler
- o 1 Knoblauchknolle
- o 1 Chilischote
- o Pflanzenöl (aus dem Vorrat)
- o Salz, Pfeffer (aus dem Vorrat)
- o Mehl (aus dem Vorrat)
- o Fleischbrühe (Instant)
- o 450 g Kartoffeln
- o 1 rote Paprikaschote
- o 1 Stange Lauch
- o Kreuzkümmel

Was noch?

- o ____________________
- o ____________________
- o ____________________
- o ____________________
- o ____________________
- o ____________________
- o ____________________
- o ____________________
- o ____________________
- o ____________________
- o ____________________
- o ____________________

Auberginen-Nudelpfanne

Zutaten für 2 Personen

- 200 g Nudeln
- 75 g roher Schinken, ohne Fett
- 1 Aubergine
- 1 Zwiebel
- 2 Tomaten
- Gemüsebrühe (Instant)
- 1 kleine Dose Mais
- Rosmarin
- Salz, Pfeffer

Nudeln nach Packungsanweisung »al dente« zubereiten. Schinken in Würfel schneiden. Aubergine waschen, mit Küchenkrepp trockenreiben und in Würfel schneiden. Zwiebel pellen und in Ringe schneiden, Tomaten überbrühen, häuten und in Würfel schneiden.

In einer beschichteten Pfanne ohne Zugabe von Fett die Schinkenwürfel knusprig anbraten. Anschließend die Zwiebelringe und Auberginenwürfel hinzufügen und mit der Brühe ablöschen. Alles ca. 10 Minuten garen. Nudeln über einem Sieb abtropfen lassen, die Tomatenwürfel und Mais unterrühren und mit Pfeffer, Salz und Rosmarin abschmecken.

Einkaufsliste: Auberginen-Nudelpfanne

- o 1 Pckg. Nudeln
- o 75 g roher Schinken, ohne Fett
- o 1 Aubergine
- o 1 Zwiebel
- o 2 Tomaten
- o Gemüsebrühe (Instant)
- o 1 kleine Dose Mais
- o Rosmarin
- o Salz, Pfeffer (aus dem Vorrat)

Was noch?

- o ______________________
- o ______________________
- o ______________________
- o ______________________
- o ______________________
- o ______________________
- o ______________________
- o ______________________
- o ______________________
- o ______________________
- o ______________________
- o ______________________

Schinkenpfannkuchen

Zutaten für 2 Personen

- 3 Eier
- 125 ml fettarme Milch
- Salz
- 70 g Mehl
- 100 g roher Schinken, ohne Fettrand
- 25 ml Mineralwasser

Eier trennen. Das Eigelb mit Milch, einer Prise Salz und dem Mehl verrühren. Eiweiß steif schlagen und unter die Eigelbmasse ziehen. Schinken in kleine Würfel schneiden und in einer beschichteten Pfanne ohne Zugabe von Fett knusprig anbraten.

Mineralwasser und Schinken unter den Teig rühren. Jeweils 1 Kelle Teig in die Pfanne geben. Pfanne hin und her schwenken und dadurch den Teig gleichmäßig verteilen. Ca. 3 bis 4 Minuten von beiden Seiten goldgelb backen. Heiß servieren.

Einkaufsliste: Schinkenpfannkuchen

- 3 Eier
- Milch
- Salz (aus dem Vorrat)
- Mehl (aus dem Vorrat)
- 100 g roher Schinken, ohne Fettrand
- 1 Flasche Mineralwasser

Was noch?

- ______________________
- ______________________
- ______________________
- ______________________
- ______________________
- ______________________
- ______________________
- ______________________
- ______________________
- ______________________
- ______________________
- ______________________

Paprika-Tomaten-Reispfanne

Zutaten für 4 Personen

- 275 g Reis
- 1 Knoblauchzehe
- 2 rote Chilischoten
- 1 Bund Frühlingszwiebeln
- 2 rote Paprikaschoten
- 2 gelbe Paprikaschoten
- 2 TL Olivenöl
- 250 g Rindergehacktes
- Salz, Pfeffer
- Paprikapulver
- 200 g Mais (Konserve)
- 400 g geschälte Tomaten (Konserve)
- einige Petersilienblätter

Reis nach Packungsanweisung zubereiten. Knoblauchzehe pellen und zerdrücken, Chilischoten halbieren, entkernen und in feine Streifen schneiden. Frühlingszwiebeln putzen und in Ringe schneiden. Paprikaschoten halbieren, entkernen, waschen, mit Küchenkrepp trockenreiben und in Streifen schneiden.

In einer Pfanne das Öl erhitzen und darin Zwiebeln, Paprikastreifen, Knoblauch und Chilistreifen anbraten und Rindergehacktes zugeben, dabei mit einem Holzlöffel krümelig verrühren. Mit Salz, Pfeffer und Paprikapulver abschmecken. Alles ca. 8 Minuten garen. Den abgetropften Mais und den Reis dazugeben. Die geschälten Tomaten zerkleinern und zugeben und alles nochmals 6 Minuten erhitzen. Mit den Petersilienblättchen garniert servieren.

Einkaufsliste: Paprika-Tomaten-Reispfanne

- 1 Pckg. Reis
- 1 Knoblauchknolle
- 2 rote Chilischoten
- 1 Bund Frühlingszwiebeln
- 2 rote Paprikaschoten
- 2 gelbe Paprikaschoten
- Olivenöl (aus dem Vorrat)
- 250 g Rindergehacktes
- Salz, Pfeffer (aus dem Vorrat)
- Paprikapulver
- 1 kleine Dose Mais
- 1 große Dose geschälte Tomaten (Konserve)
- 1 Bund Petersilie

Was noch?

- ______________________
- ______________________
- ______________________
- ______________________
- ______________________
- ______________________
- ______________________
- ______________________
- ______________________
- ______________________
- ______________________
- ______________________

Kohlpfanne

Zutaten für 2 Personen

- 300 g Reis
- 150 g mageres Schweinefleisch
- 1 EL Sojasauce
- ½ Zwiebel
- 1 kleines Stück Ingwer
- ½ Weißkohlkopf
- 1 TL Pflanzenöl
- 50 ml Gemüsebrühe (Instant)
- Paprikapulver
- Salz
- Chilipulver
- Sambal Olek

Reis nach Packungsanweisung zubereiten. Das Schweinefleisch in feine Streifen schneiden, mit der Sojasauce beträufeln und ca. 20 Minuten ziehen lassen. Zwiebel pellen und würfeln, das Ingwerstück fein hacken. Aus dem Weißkohl den Strunk ausschneiden und den Kohl grob schnetzeln.

In einer Pfanne das Öl erhitzen, Zwiebel und Ingwer hinzufügen und glasig dünsten. Dann das Fleisch zufügen, alles umrühren und ca. 8 Minuten braten. Nun den Weißkohl unterrühren, kurz andünsten und mit Brühe ablöschen. Alles ca. 10 bis 15 Minuten garen.

Den Reis mit Paprika würzen, unter das Fleisch rühren und weitere 5 Minuten dünsten. Zum Schluss nach Geschmack mit Salz, Chilipulver und Sambal Olek abschmecken und heiß servieren.

Einkaufsliste: Kohlpfanne

- o 1 Pckg. Reis
- o 150 g mageres Schweinefleisch
- o Sojasauce
- o 1 Zwiebel
- o 1 Stück Ingwer
- o 1 Weißkohlkopf
- o Pflanzenöl (aus dem Vorrat)
- o Gemüsebrühe (Instant)
- o Paprikapulver
- o Salz (aus dem Vorrat)
- o Chilipulver
- o Sambal Olek

Was noch?

- o ______
- o ______
- o ______
- o ______
- o ______
- o ______
- o ______
- o ______
- o ______
- o ______
- o ______
- o ______

Kartoffelpfanne

Zutaten für 2 Personen

- 400 g Pellkartoffeln
- 1 Zwiebel
- 1 Stange Lauch
- 80 g roher Schinken, ohne Fett
- 2 TL Pflanzenöl
- Salz, Pfeffer
- ½ kleines Glas Cornichons (320 g)
- ½ kleines Glas Perlzwiebeln (320 g)
- 2 Eier
- 1 EL gehackte Petersilie

Kartoffeln pellen und in Scheiben schneiden. Zwiebel und Lauch in feine Ringe und den Schinken in Streifen schneiden. Öl in einer Pfanne erhitzen, Zwiebel, Lauch und Schinken anbraten, Kartoffeln hinzufügen und alles unter ständigem Wenden ca. 8 Minuten braten. Mit Salz und Pfeffer würzen.

Cornichons und Perlzwiebeln über einem Sieb abtropfen lassen, dann die Gurken in kleine Scheiben schneiden und mit den Perlzwiebeln unter die Kartoffeln mischen.

Alles nochmals kurz anwärmen, dann die Eier darüber schlagen, umrühren und erhitzen, bis die Eier stocken. Mit gehackter Petersilie garniert servieren.

Einkaufsliste: Kartoffelpfanne

- o 400 g Kartoffeln
- o 1 Zwiebel
- o 1 Stange Lauch
- o 80 g roher Schinken, ohne Fett
- o Pflanzenöl (aus dem Vorrat)
- o Salz, Pfeffer (aus dem Vorrat)
- o 1 kleines Glas Cornichons (320 g)
- o 1 kleines Glas Perlzwiebeln (320 g)
- o 2 Eier
- o 1 Bund Petersilie

Was noch?

- o ______________________
- o ______________________
- o ______________________
- o ______________________
- o ______________________
- o ______________________
- o ______________________
- o ______________________
- o ______________________
- o ______________________
- o ______________________
- o ______________________

Rustikale Pfanne

Zutaten
für 2 Personen

- 1 Zwiebel
- 150 g Schweineschnitzel, mager
- 1 TL Pflanzenöl
- Salz, Pfeffer
- Paprika
- 150 g grüne Bohnen (Konserve)
- 150 g Wachsbrechbohnen (Konserve)
- 150 g Kidneybohnen (Konserve)
- 50 ml Gemüsebrühe (Instant)
- 1 TL Tomatenmark
- 1 EL Sojasauce
- ½ TL Oregano

Zwiebel pellen und würfeln, Schnitzelfleisch in feine Streifen schneiden. Öl in einer Pfanne erhitzen, Zwiebeln und Fleisch darin von allen Seiten ca. 5 Minuten anbraten, dabei umrühren. Mit Salz, Pfeffer und Paprika kräftig würzen. Bohnen abtropfen lassen und zusammen mit der Brühe, Tomatenmark und Sojasauce in die Pfanne geben. Alles ca. 8 Minuten dünsten.

Zum Schluss mit Oregano würzen. Dazu kann man Reis servieren.

Einkaufsliste: Rustikale Pfanne

- 1 Zwiebel
- 150 g Schweineschnitzel, mager
- Pflanzenöl (aus dem Vorrat)
- Salz, Pfeffer (aus dem Vorrat)
- Paprika
- 1 Büchse grüne Bohnen
- 1 Büchse Wachsbrechbohnen
- 1 Büchse Kidneybohnen
- Gemüsebrühe (Instant)
- 1 kleine Dose Tomatenmark
- Sojasauce
- Oregano

Was noch?

- ____________________
- ____________________
- ____________________
- ____________________
- ____________________
- ____________________
- ____________________
- ____________________
- ____________________
- ____________________
- ____________________
- ____________________

Pfanne „Italiano"

Zutaten für 4 Personen

- 400 g Blattspinat (TK)
- 600 g kleine Kartoffeln
- 2 Zwiebeln
- 2 Knoblauchzehen
- 600 g Artischocken (Konserve)
- 140 g luftgetrocknete Salami
- 2 TL Olivenöl
- Salz, Pfeffer
- Chilipulver

Blattspinat auftauen lassen. Kartoffeln schälen und im Ganzen nicht zu weich kochen. Dann abkühlen lassen und in Scheiben schneiden. Zwiebeln pellen und in Ringe schneiden. Knoblauchzehen pressen. Artischocken abtropfen lassen und klein schneiden. Salami in Streifen schneiden.

In einer Pfanne das Öl erhitzen, darin Zwiebelringe und Knoblauch glasig andünsten. Nun die Kartoffelscheiben und Artischocken zufügen und alles ca. 5 Minuten garen. Anschließend Blattspinat und Salami unterheben, mit Salz, Pfeffer und Chilipulver abschmecken, weitere ca. 10 Minuten dünsten und servieren.

Einkaufsliste: Pfanne „Italiano"

- o 400 g Blattspinat (TK)
- o 600 g kleine Kartoffeln
- o 2 Zwiebeln
- o 1 Knoblauchknolle
- o 600 g Artischocken (Konserve)
- o 140 g luftgetrocknete Salami
- o Olivenöl (aus dem Vorrat)
- o Salz, Pfeffer (aus dem Vorrat)
- o Chilipulver

Was noch?

- o ____________________
- o ____________________
- o ____________________
- o ____________________
- o ____________________
- o ____________________
- o ____________________
- o ____________________
- o ____________________
- o ____________________
- o ____________________
- o ____________________

Exotisches Omelette

Zutaten für 2 Personen

- 1 rote Paprikaschote
- 1 Stange Lauch
- 125 g Bambussprossen (Konserve)
- 125 g Austernpilze
- 1 EL Wasser
- 100 g Sojabohnenkeimlinge
- 5-Gewürze-Pulver
- 1 EL Sojasauce
- Salz, Pfeffer
- 4 Eier
- 75 ml Wasser
- ¼ TL Sambal Olek
- etwas Öl zum Braten

Paprikaschote waschen, halbieren, entkernen und in Würfel, Lauch in Ringe schneiden. Bambussprossen abgießen und Austernpilze in Stücke schneiden.

Paprikawürfel und Lauchringe mit 1 EL Wasser in der Pfanne andünsten, dann die Bambussprossen, Bohnenkeimlinge und Austernpilze zugeben und mitdünsten. Alles mit dem 5-Gewürze-Pulver, Sojasauce, Salz und Pfeffer würzen und warm stellen.

Für das Omelette Eier mit Wasser verquirlen und mit Sambal Olek, Salz und Pfeffer abschmecken. In einer Pfanne das Öl erhitzen und nacheinander jeweils ein Omelette goldgelb von beiden Seiten backen. Diese werden nun zur Hälfte mit dem noch warmen Gemüse belegt und zusammengeklappt.

Einkaufsliste: Exotisches Omelette

- 1 rote Paprikaschote
- 1 Stange Lauch
- 1 kleines Glas Bambussprossen
- 125 g Austernpilze
- 100 g Sojabohnen-keimlinge
- 5-Gewürze-Pulver
- Sojasauce
- Salz, Pfeffer (aus dem Vorrat)
- 4 Eier
- Sambal Olek
- Öl (aus dem Vorrat)

Was noch?

- ____________________
- ____________________
- ____________________
- ____________________
- ____________________
- ____________________
- ____________________
- ____________________
- ____________________
- ____________________
- ____________________
- ____________________

Schnitzelpfanne mit Brokkoli

Zutaten
für 4 Personen

- 160 g Reis
- 100 g Schweine-schnitzel, mager
- 1 TL Pflanzenöl
- Salz, Pfeffer
- 2 Zwiebeln
- 1 kleines Stück Ingwer
- 200 g Brokkoli
- ½ kleine Salatgurke
- 1 rote Paprikaschote
- 100 ml Geflügelbrühe (Instant)
- ½ EL Zitronensaft
- 100 g passierte Tomaten (Konserve)
- Currypulver
- Cayennepfeffer
- Koriander
- 2 TL Sesam

Reis nach Packungsanweisung zubereiten. Schnitzelfleisch waschen, mit Küchenkrepp trockentupfen und in kleine Würfel schneiden. In einer Pfanne das Öl erhitzen und die Fleischwürfel darin anbraten. Mit Salz und Pfeffer würzen. Zwiebeln pellen und würfeln, Ingwer fein reiben, beides unter das Fleisch mengen und alles weitere 5 Minuten braten.

Brokkoli waschen und in kleine Röschen teilen. Gurke schälen, halbieren und in Scheiben schneiden. Paprika waschen, halbieren, entkernen und in Streifen schneiden. Das Gemüse in die Pfanne geben und dünsten. Geflügelbrühe mit dem Zitronensaft und den passierten Tomaten verrühren, zugeben und alles ca. 10 Minuten köcheln lassen. Alles mit Salz, Pfeffer, Currypulver, Cayennepfeffer und Koriander abschmecken.

Den fertig gegarten Reis mit Sesam vermischen und zur Brokkoli-Pfanne servieren.

Einkaufsliste: Schnitzelpfanne mit Brokkoli

- o 1 Pckg. Reis
- o 100 g Schweineschnitzel, mager
- o Salz, Pfeffer (aus dem Vorrat)
- o Pflanzenöl (aus dem Vorrat)
- o 2 Zwiebeln
- o 1 kleines Stück Ingwer
- o 200 g Brokkoli
- o 1 kleine Salatgurke
- o 1 rote Paprikaschote
- o Geflügelbrühe (Instant)
- o 1 Zitrone
- o 1 kleine Dose passierte Tomaten
- o Currypulver
- o Cayennepfeffer
- o Koriander
- o Sesam

Was noch?

- o ____
- o ____
- o ____
- o ____
- o ____
- o ____
- o ____
- o ____
- o ____
- o ____
- o ____
- o ____

Fischpfanne

Zutaten für 2 Personen

- 150 g Reis
- 250 g Kabeljaufilet
- Saft einer viertel Zitrone
- Salz, Pfeffer
- 1 EL Pflanzenöl
- 1 Knoblauchzehe
- 1 Zwiebel
- 1 rote Paprikaschote
- ½ Zucchini
- 2 Tomaten
- 75 ml Gemüsebrühe (Instant)
- 15 ml trockener Weißwein
- ½ EL gehacktes Basilikum
- ½ TL Thymian

Reis nach Packungsanweisung zubereiten. Fischfilet waschen, mit Küchenkrepp trockentupfen, in Würfel schneiden und sofort mit Zitronensaft beträufeln und salzen. In einer Pfanne das Öl erhitzen und darin die Fischwürfel braten. Vorsichtig aus der Pfanne nehmen und warm stellen.

Knoblauch und Zwiebel pellen, fein würfeln und im verbliebenen Fett dünsten. Paprikaschote waschen, halbieren, entkernen und in Streifen schneiden. Zucchini und Tomaten waschen und in Würfel schneiden. Dann alles in die Pfanne geben, Brühe und Wein aufgießen und ca. 7 Minuten garen lassen. Reis, Thymian und Basilikum unterrühren. Zum Schluss vorsichtig den Fisch unterheben und servieren.

Einkaufsliste: Fischpfanne

- o 1 Pckg. Reis
- o 250 g Kabeljaufilet
- o 1 Zitrone
- o Salz (aus dem Vorrat)
- o Pflanzenöl (aus dem Vorrat)
- o 1 Knoblauchknolle
- o 1 Zwiebel
- o 1 rote Paprikaschote
- o 1 Zucchini
- o 2 Tomaten
- o Gemüsebrühe (Instant)
- o trockener Weißwein (aus dem Vorrat)
- o Basilikum
- o Thymian

Was noch?

- o ____________________
- o ____________________
- o ____________________
- o ____________________
- o ____________________
- o ____________________
- o ____________________
- o ____________________
- o ____________________
- o ____________________
- o ____________________
- o ____________________

Gemüsepfanne

Zutaten für 2 Personen

- 175 g Reis
- 1 Knoblauchzehe
- 2 Karotten
- ½ Chinakohl
- 2 Zwiebeln
- 100 g grüne Bohnen (Konserve)
- 100 g Brokkoli
- Salz, Pfeffer
- 1 TL Sesamöl
- 100 g Sojasprossen (Konserve)
- ca. 100 ml Gemüsebrühe (Instant)

Reis nach Packungsanweisung zubereiten. Knoblauchzehe pellen und fein hacken. Karotten waschen, schälen und in feine Würfel schneiden. Vom Chinakohl die ersten Blätter entfernen, dann in Streifen schneiden. Zwiebeln pellen und in Ringe schneiden. Bohnen abtropfen lassen. Brokkoli waschen, trockenschütteln, in Röschen zerteilen und ca. 4 Minuten in kochendem Salzwasser vorgaren.

In einer Pfanne das Öl erhitzen, Knoblauch und Zwiebelringe andünsten und anschließend das vorbereitete Gemüse und die abgegossenen Sprossen hinzufügen. Alles kurz anbraten. Dann mit der Gemüsebrühe ablöschen und alles weitere ca. 15 Minuten köcheln lassen.

Zum Schluss mit Salz und Pfeffer abschmecken und den Reis unterrühren.

Einkaufsliste: Gemüsepfanne

- o 1 Pckg. Reis
- o 1 Knoblauchknolle
- o 2 Karotten
- o 1 Chinakohl
- o 2 Zwiebeln
- o 1 Dose grüne Bohnen (Konserve)
- o 1 Brokkoli
- o Salz, Pfeffer (aus dem Vorrat)
- o 1 kleine Flasche Sesamöl
- o 1 kleines Glas Sojasprossen
- o Gemüsebrühe (Instant)

Was noch?

- o ____________________
- o ____________________
- o ____________________
- o ____________________
- o ____________________
- o ____________________
- o ____________________
- o ____________________
- o ____________________
- o ____________________
- o ____________________
- o ____________________

Tomatenomelette

Zutaten
für 2 Personen

- 600 g Tomaten
- 20 g Knoblauchbutter
- Salz, Pfeffer
- 4 Eier
- 1 EL Schnittlauch-
röllchen

Tomaten mit heißem Wasser überbrühen, die Haut entfernen und in Scheiben schneiden. Jeweils die Hälfte der Tomatenscheiben in eine beschichtete Pfanne geben, mit Salz und Pfeffer bestreuen und dünsten. Dann jeweils die Hälfte der Knoblauchbutter hinzufügen und alles umrühren.

Pro Portion zwei Eier verquirlen, Schnittlauchröllchen hinzufügen, mit Salz und Pfeffer würzen, über die Tomaten gießen und nochmals verrühren. Bei wenig Hitze nun die Tomaten-Eier-Masse stocken lassen und warm servieren.

Einkaufsliste: Tomatenomelette

- o 600 g Tomaten
- o Knoblauchbutter
- o Salz, Pfeffer (aus dem Vorrat)
- o 4 Eier
- o 1 Bund Schnittlauch

Was noch?

- o ______________________
- o ______________________
- o ______________________
- o ______________________
- o ______________________
- o ______________________
- o ______________________
- o ______________________
- o ______________________
- o ______________________
- o ______________________
- o ______________________

China-Pfanne mit Glasnudeln

Zutaten
für 2 Personen

- 60 g Mu-Err-Pilze, getrocknet
- 100 g Glasnudeln
- ½ Porreestange
- 2 Karotten
- 1 rote Paprikaschote
- 1 gelbe Paprikaschote
- 120 g Sellerie
- 40 g frische Ingwerwurzel
- 60 g Sojasauce
- Salz, Pfeffer
- Knoblauchpulver
- 1 EL Sesamöl
- China-Gewürzmischung
- 175 g Hühnerbrühe (Instant)
- 60 g Mungosprossen

Mu-Err-Pilze ca. 40 Minuten in kaltem Wasser einweichen. Die Glasnudeln ca. 25 Minuten in heißem Wasser einweichen. Porree waschen und in feine Ringe schneiden. Karotten waschen, schälen und in Scheiben schneiden. Paprika halbieren, entkernen, waschen und in Streifen schneiden. Sellerie waschen, putzen und in kleine Würfel schneiden.

In der Pfanne das Öl erhitzen. Zuerst die Karotten und den Porree unter ständigem Rühren anbraten. Dann Paprika und Sellerie hinzufügen, unter Rühren dünsten und mit Salz, Pfeffer, Knoblauchpulver und der China-Gewürzmischung würzen. Ingwer schälen, zu dem Gemüse raspeln und alles mit der Sojasauce würzen. Pilze abtropfen lassen, in Streifen schneiden und mitdünsten. Hühnerbrühe aufgießen, die Glasnudeln dazugeben und alles ca. 12 Minuten garen lassen. Zum Schluss die Sprossen unterrühren und nochmals alles kurz erhitzen.

Einkaufsliste: China-Pfanne mit Glasnudeln

- o 1 Beutel getrocknete Mu-Err-Pilze
- o 1 Pckg. Glasnudeln
- o 1 Porreestange
- o 2 Karotten
- o 1 rote Paprikaschote
- o 1 gelbe Paprikaschote
- o 1 kleine Sellerieknolle
- o 1 kleine Ingwerwurzel
- o Sojasauce
- o Salz, Pfeffer (aus dem Vorrat)
- o Knoblauchpulver
- o 1 kleine Flasche Sesamöl
- o China-Gewürzmischung
- o Hühnerbrühe (Instant)
- o 1 kleines Glas Mungosprossen

Was noch?

- o ______
- o ______
- o ______
- o ______
- o ______
- o ______
- o ______
- o ______
- o ______
- o ______
- o ______
- o ______

Putenpfanne

Zutaten für 2 Personen

- 80 g Reis
- ½ Stange Lauch
- 2 Möhren
- 1 Knoblauchzehe
- 1 rote Paprikaschote
- 200 g Putenbrust
- 1 EL Öl
- Salz, Pfeffer
- Paprikapulver
- 100 ml Gemüsebrühe (Instant)

Reis nach Packungsanweisung zubereiten. Lauch und Möhren putzen, Lauch in Ringe, Möhren in Scheiben schneiden. Knoblauch pellen und fein hacken. Die Paprikaschote halbieren, entkernen und in Streifen schneiden.

Die Putenbrust waschen, mit Küchenkrepp trockentupfen, klein schneiden und in heißem Öl anbraten. Gemüse und Knoblauch zum Fleisch zugeben. Mit Salz, Pfeffer und Paprikapulver würzen und mit der Gemüsebrühe ablöschen.

Den fertig gegarten Reis unterheben und mit geschlossenem Deckel noch ein Weilchen ziehen lassen.

Einkaufsliste: Putenpfanne

- o 1 Pckg. Reis
- o 1 Stange Lauch
- o 2 Möhren
- o 1 Knoblauchzehe
- o 1 rote Paprikaschote
- o 200 g Putenbrust
- o 1 EL Öl (aus dem Vorrat)
- o Salz, Pfeffer (aus dem Vorrat)
- o Paprikapulver
- o Gemüsebrühe (Instant)

Was noch?

- o ______
- o ______
- o ______
- o ______
- o ______
- o ______
- o ______
- o ______
- o ______
- o ______
- o ______
- o ______

Seelachs in Bananen-Currysauce

Zutaten für 2 Personen

- 400 g Seelachs
- 1 TL Olivenöl
- 1 EL Curry
- 1 Messerspitze Ingwer
- Salz
- ¼ l Gemüsebrühe (Instant)
- etwas gemahlener Koriander
- 2 EL Crème légère
- 1 EL Kokosraspeln
- Sojasauce nach Geschmack
- 2 Bananen

Fisch waschen und trockentupfen, in Würfel schneiden und in einer Pfanne im heißen Öl anbraten. Mit Curry, Ingwer und Salz würzen. Bananen schälen, in Scheiben schneiden, dann zum Fisch in die Pfanne geben und die Brühe aufgießen. Alles ca. 4 Minuten köcheln lassen. Sojasauce, Koriander, Kokosraspeln und Crème légère unterrühren, alles vorsichtig vermengen und servieren. Dazu wird Reis gereicht.

Einkaufsliste: Seelachs in Bananen-Currysauce

- o 400 g Seelachs
- o Olivenöl (aus dem Vorrat)
- o Curry
- o Ingwergewürz
- o Salz (aus dem Vorrat)
- o Gemüsebrühe (Instant)
- o gemahlener Koriander
- o 1 Becher Crème légère (150 g)
- o 1 Tüte Kokosraspeln
- o Sojasauce
- o 2 Bananen

Was noch?

- o ______
- o ______
- o ______
- o ______
- o ______
- o ______
- o ______
- o ______
- o ______
- o ______
- o ______
- o ______

Fischkroketten

Zutaten für zwei Personen

- 500 g geräucherte Makrele
- Paniermehl
- 2 Eier
- gehackte Petersilie
- 1 Prise Salz
- Öl zum Braten

Den Fisch von Kopf, Haut und Gräten befreien, dann hacken. Mit Paniermehl, Eiern, Salz und gehackter Petersilie zu einem geschmeidigen Teig verkneten.

Die Masse zu Krokettenrollen formen, in Paniermehl wälzen und in heißem Öl braten. Dazu schmeckt Gurkensalat sehr lecker.

Einkaufsliste: Fischkroketten

- ○ 500 g geräucherte Makrele
- ○ Paniermehl
- ○ 2 Eier
- ○ 1 Bund Petersilie
- ○ Salz (aus dem Vorrat)
- ○ Öl (aus dem Vorrat)

Was noch?

- ○ ______________________
- ○ ______________________
- ○ ______________________
- ○ ______________________
- ○ ______________________
- ○ ______________________
- ○ ______________________
- ○ ______________________
- ○ ______________________
- ○ ______________________
- ○ ______________________
- ○ ______________________

Andalusisches Fischfilet

Zutaten für 1 Person

- 150 g Fischfilet
- Salz
- Saft einer Zitronenspalte
- 1 TL Tomatenmark
- 2 Tomaten
- ½ TL Parmesankäse
- Pflanzenöl

Fisch waschen, trockentupfen, leicht salzen und mit Zitronensaft beträufeln. Anschließend mit Tomatenmark bestreichen. Tomaten kurz überbrühen, die Haut abziehen, in Scheiben schneiden und auf den Fisch legen. Anschließend mit Parmesan bestreuen.

Eine feuerfeste Form mit etwas Öl auspinseln und den Fisch hineinlegen, den Boden mit etwas Wasser bedecken und zugedeckt etwa 20 Minuten im Backofen garen.

Einkaufsliste: Andalusisches Fischfilet

- o 150 g Fischfilet
- o Salz (aus dem Vorrat)
- o 1 Zitrone
- o 1 Tube Tomatenmark
- o 2 Tomaten
- o 1 kleine Tüte geriebener Parmesankäse
- o Pflanzenöl (aus dem Vorrat)

Was noch?

- o ______
- o ______
- o ______
- o ______
- o ______
- o ______
- o ______
- o ______
- o ______
- o ______
- o ______
- o ______

Fisch in Currysauce

Zutaten
für 3 Personen

- 500 g Fischfilet
- 1 TL Zitronensaft
- Salz, Pfeffer
- ⅛ l Wasser
- 20 g fettarme Margarine
- 20 g Mehl
- ⅛ l Brühe (Instant)
- Curry
- 200 g küchenfertige Scampis
- 5 Tomaten
- 2 EL Crème légère

Fischfilet unter fließend kaltem Wasser kurz abspülen, mit Küchenkrepp trocknen, salzen und mit Zitronensaft beträufeln. In einem Kochtopf das Wasser zum Kochen bringen und den Fisch darin ca. 8 Minuten bei mittlerer Temperatur köcheln lassen. Dann vorsichtig den Fisch mit einer Schaumkelle aus dem Fischsud entnehmen, in mundgerechte Stücke teilen und warm stellen.

In einem separaten Topf Margarine auslassen, Mehl zufügen und eine goldgelbe Schwitze anrühren. Unter ständigem Rühren nun den Fischsud zufügen. Einmal aufkochen lassen und dabei rühren, bis eine glatte Sauce entstanden ist. Mit Curry würzen. Nun unter ständigem Rühren die Brühe einrühren. Dabei aufpassen, dass die dickliche Konsistenz der Sauce erhalten bleibt. Nun die küchenfertigen Scampis zufügen. Tomaten kurz überbrühen, häuten, in Stücke schneiden und in die Sauce geben. Noch einmal alles erhitzen, Crème légère einrühren und mit Pfeffer und Salz würzen. Jetzt vorsichtig den Fisch zugeben und kurz erwärmen. Dazu Reis und einen frischen Salat servieren.

Einkaufsliste: Fisch in Currysauce

- o 500 g Fischfilet
- o 1 Zitrone
- o Salz, Pfeffer (aus dem Vorrat)
- o fettarme Margarine (aus dem Vorrat)
- o Mehl (aus dem Vorrat)
- o Brühe (Instant)
- o Curry
- o 200 g küchenfertige Scampis
- o 5 Tomaten
- o 1 Becher Crème légère (150 g)

Was noch?

- o ______________________
- o ______________________
- o ______________________
- o ______________________
- o ______________________
- o ______________________
- o ______________________
- o ______________________
- o ______________________
- o ______________________
- o ______________________
- o ______________________

Seelachs, süß-sauer

Zutaten für 2 Personen

- 400 g Seelachsfilet
- Salz
- 1 Zitrone
- 1 Paprikaschote
- 2 Tomaten
- 2 Zwiebeln
- 1 EL Öl
- 6 TL Tomatenmark
- 4 TL Ketschup
- 2 TL Honig
- 1 Tasse Wasser
- gekörnte Gemüsebrühe
- Cayennepfeffer
- Paprikapulver
- Zucker

Den Fisch waschen, trockentupfen und in mundgerechte Stücke teilen. Dann salzen und mit frisch gepresstem Zitronensaft beträufeln. Paprika waschen, halbieren, Kerngehäuse entfernen und in kleine Würfel schneiden. Tomaten waschen und in kleine Würfel schneiden. Zwiebeln pellen und in Ringe schneiden.

In einer Pfanne das Öl heiß werden lassen und darin die Zwiebeln und die Paprikawürfel andünsten. Tomatenmark, Ketschup, Honig und das Wasser dazugeben. Mit Gemüsebrühe, Cayennepfeffer und Paprikapulver würzen und mit Zucker süß-sauer abschmecken. Dann Tomatenwürfel und Fisch dazugeben und alles ca. 5 Min. köcheln lassen.

Reis als Beilage servieren.

Einkaufsliste: Seelachs, süß-sauer

- 400 g Seelachsfilet
- Salz (aus dem Vorrat)
- 1 Zitrone
- 1 Paprikaschote
- 2 Tomaten
- 2 Zwiebeln
- Öl (aus dem Vorrat)
- 1 Tube Tomatenmark
- 1 Flasche Ketschup
- 1 kleines Glas Honig
- gekörnte Gemüsebrühe (Instant)
- Cayennepfeffer
- Paprikapulver
- Zucker (aus dem Vorrat)

Was noch?

- ______
- ______
- ______
- ______
- ______
- ______
- ______
- ______
- ______
- ______
- ______
- ______

Thunfischragout

**Zutaten
für 2 Personen**

- 200 g Reis
- 10 g Halbfettmargarine
- 10 g Weizenmehl
- 125 ml klare Gemüsebrühe (Instant)
- 125 ml fettarme Milch (1,5%)
- Salz, Pfeffer
- Saft einer viertel Zitrone
- 50 g Erbsen (TK)
- 1 Dose Thunfisch (im eigenen Saft)

Reis nach Packungsanweisung zubereiten. In einer Pfanne die Margarine schmelzen, das Mehl darin goldgelb anschwitzen und mit Brühe und Milch ablöschen. Mit Salz und Pfeffer abschmecken. Erbsen hinzufügen, ca. 8 Minuten köcheln lassen und anschließend Zitronensaft und den Thunfisch zugeben, erhitzen, aber nicht mehr kochen lassen. Zusammen mit dem fertig gegarten Reis servieren.

Einkaufsliste: Thunfischragout

- o 1 Pckg. Reis
- o 1 Becher Halbfettmargarine
- o Weizenmehl (aus dem Vorrat)
- o klare Gemüsebrühe (Instant)
- o 125 ml fettarme Milch (1,5%)
- o Salz, Pfeffer (aus dem Vorrat)
- o 1 Zitrone
- o 1 kleine Pckg. Erbsen (TK)
- o 1 Dose Thunfisch (im eigenen Saft, 150 g)

Was noch?

- o ______________________
- o ______________________
- o ______________________
- o ______________________
- o ______________________
- o ______________________
- o ______________________
- o ______________________
- o ______________________
- o ______________________
- o ______________________
- o ______________________

Gefüllte Zwiebel-Forelle

Zutaten für 2 Personen

- 1 küchenfertige Forelle
- 1 EL Zitronensaft
- Salz, Pfeffer
- 75 g Frühlingszwiebeln
- Mineralwasser
- 20 g Semmelmehl
- 1 Eigelb
- 2 TL Mehl
- 2 EL Öl
- 200 g Champignons
- ½ Bund Petersilie

Forelle gründlich unter fließend kaltem Wasser abspülen und trockentupfen. Innen und außen mit Zitronensaft beträufeln und salzen. Frühlingszwiebeln putzen und die Hälfte davon in feine Ringe schneiden. In eine beschichtete Pfanne etwas Mineralwasser gießen und darin die Zwiebelringe dünsten und abkühlen lassen. Semmelmehl mit Eigelb und den gebratenen Frühlingszwiebeln vermischen. Die Masse mit Pfeffer und Salz würzen und damit die Forelle füllen. Den Fisch vorsichtig mit einem Faden umwickeln und in Mehl wälzen. In der Pfanne 1 EL Öl erhitzen und von beiden Seiten die Forelle darin braten.

Restliche Frühlingszwiebeln in kleine Würfel schneiden. Champignons putzen, waschen, blättrig schneiden und in dem restlichen Öl anbraten, dann die Frühlingszwiebeln zugeben und mitdünsten. Alles mit Salz und Pfeffer würzen.

Von der Forelle das Garn entfernen, auf einer Platte mit dem Gemüse anrichten und mit gehackter Petersilie bestreuen.

Einkaufsliste: Gefüllte Zwiebel-Forelle

- o 1 Forelle
- o 1 Zitrone
- o 75 g Frühlingszwiebeln
- o 1 Flasche Mineralwasser
- o Semmelmehl (aus dem Vorrat)
- o 1 Ei
- o Mehl (aus dem Vorrat)
- o Pflanzenöl (aus dem Vorrat)
- o 200 g Champignons
- o Salz, Pfeffer (aus dem Vorrat)
- o 1 Bund Petersilie

Was noch?

- o ________
- o ________
- o ________
- o ________
- o ________
- o ________
- o ________
- o ________
- o ________
- o ________
- o ________
- o ________

Garnelen-Spieße

Zutaten für 2 Personen

- 1 TL Ingwer (fein gehackt)
- ½ TL Zucker
- 1 TL Sambal Olek
- 2 EL Sojasauce
- Salz
- 10 kleine Garnelen (ca. 100 g)
- 1 rote Paprikaschote
- ½ kleine Ananas (ca. 225 g)
- 1 EL Sonnenblumenöl

Aus Ingwer, Zucker, Sambal Olek, Sojasauce und einer Prise Salz eine Marinade anrühren. Garnelen waschen, mit Küchenkrepp trockentupfen und 2 Stunden in der Marinade ziehen lassen. Paprika waschen, putzen, halbieren, das Kerngehäuse entfernen und in kleine Stücke schneiden. Die Ananas schälen, den Strunk entfernen und ebenfalls in kleine Stücke schneiden. Garnelen aus der Marinade nehmen, kurz abtropfen lassen und abwechselnd mit Ananas- und Paprikastücken auf Holzspieße stecken (sollte ca. 6 Spieße ergeben).

In einer Pfanne das Öl erhitzen und die Spieße darin ca. 8 Minuten unter ständigem Wenden braten. Kurz vor Ende der Garzeit die Spieße mit der restlichen Marinade beträufeln.

Einkaufsliste: Garnelen-Spieße

- o 1 kleines Stück Ingwerwurzel
- o Zucker (aus dem Vorrat)
- o Sambal Olek
- o Sojasauce
- o Salz (aus dem Vorrat)
- o 10 kleine Garnelen (ca. 100 g)
- o 1 rote Paprikaschote
- o 1 kleine Ananas
- o Sonnenblumenöl (aus dem Vorrat)

Was noch?

- o ____________________
- o ____________________
- o ____________________
- o ____________________
- o ____________________
- o ____________________
- o ____________________
- o ____________________
- o ____________________
- o ____________________
- o ____________________
- o ____________________

Würzige Fischpfanne

Zutaten für 4 Personen

- 400 g Kabeljau
- 2 EL Zitronensaft
- Salz
- 1 kleines Stück Ingwer
- 2 Zwiebeln
- 2 EL Öl
- 200 g Zucchini
- 1 rote Paprika
- 4 EL Apfelessig
- 2 EL Sojasauce
- 2 TL Speisestärke
- 2 Lauchzwiebeln
- 3 Äpfel
- ¼ l Apfelsaft

Fisch unter fließend kaltem Wasser abspülen und mit Küchenkrepp trockentupfen. Den Fisch in Stücke schneiden, mit dem Saft einer frischen Zitrone beträufeln und salzen.

Ingwer hacken, Zwiebeln pellen und in Würfel schneiden. In einer Pfanne das Öl erhitzen und die Zwiebeln mit dem Ingwer ca. 4 Minuten dünsten. Zucchini schälen und in dünne Scheiben schneiden. Die Paprika waschen, halbieren, das Kerngehäuse entfernen und würfeln. Gemüse zu den Zwiebeln geben und zugedeckt 5 Minuten dünsten.

Für die Sauce Apfelessig, Salz, Sojasauce und Speisestärke miteinander verrühren. Die Lauchzwiebeln waschen und in feine Ringe schneiden. Die Äpfel schälen, in Viertel schneiden, Kerngehäuse entfernen und in feine Scheiben schneiden.

Fischstücke, Apfelscheiben und Lauchzwiebeln auf das Gemüse geben. Die Sauce und den Apfelsaft darüber gießen und zugedeckt 10 Minuten bei niedriger Hitze garen lassen. Dazu Reis servieren.

Einkaufsliste: Würzige Fischpfanne

- o 400 g Kabeljau
- o 1 Zitrone
- o Salz (aus dem Vorrat)
- o 1 kleines Stück Ingwer
- o 2 Zwiebeln
- o Öl (aus dem Vorrat)
- o 1 Zucchini (ca. 200 g)
- o 1 rote Paprika
- o 1 kleine Flasche Apfelessig
- o Sojasauce
- o Speisestärke (aus dem Vorrat)
- o 2 Lauchzwiebeln
- o 3 Äpfel
- o 1 Flasche Apfelsaft

Was noch?

- o ______________________
- o ______________________
- o ______________________
- o ______________________
- o ______________________
- o ______________________
- o ______________________
- o ______________________
- o ______________________
- o ______________________
- o ______________________
- o ______________________

Scampis mit Paprikapüree

Zutaten
für 4 Personen

- 400 g Reis
- 4 gelbe Paprika
- 1 Chilischote
- ¼ l Gemüsebrühe (Instant)
- 400 g Scampis
- 1 EL Olivenöl
- 1 Msp. Sambal Olek
- 4 Knoblauchzehen
- Salz

Reis nach Packungsanweisung zubereiten. Paprika waschen, halbieren, vom Kerngehäuse befreien und in kleine Stücke schneiden. Zusammen mit der Chilischote in der Gemüsebrühe weich köcheln lassen. In einer Pfanne im heißen Öl die Scampis anbraten. Knoblauchzehen pellen und pressen. Sambal Olek und Knoblauch zu den Scampis geben und vorsichtig verrühren. Paprikamasse ohne Chilischote mit dem Pürierstab pürieren.

Den fertig gegarten Reis auf Tellern anrichten, Paprikapüree verteilen und zum Schluss die Scampis auf das Püree setzen.

Einkaufsliste: Scampis mit Paprikapüree

- o 400 g Reis
- o 4 gelbe Paprika
- o 1 Chilischote
- o Gemüsebrühe (Instant)
- o 400 g Scampis
- o Olivenöl (aus dem Vorrat)
- o Sambal Olek
- o 1 Knoblauchknolle
- o Salz (aus dem Vorrat)

Was noch?

- o ______
- o ______
- o ______
- o ______
- o ______
- o ______
- o ______
- o ______
- o ______
- o ______
- o ______
- o ______

Forelle in der Folie gebraten

Zutaten für 2 Personen

- 2 küchenfertige Forellen (à ca. 150 g)
- 2 EL gehackte Petersilie
- Salz, Pfeffer
- Saft einer Zitrone
- 2 gepresste Knoblauchzehen
- Pflanzenöl zum Bestreichen der Folie

Forellen abspülen und mit Küchenkrepp trockentupfen. Salzen und pfeffern.
Mit Zitronensaft beträufeln und mit dem gepressten Knoblauch innen und außen einreiben. Auf die gefettete Alufolie legen, die Forellen mit der gehackten Petersilie bestreuen und in die Folie wickeln.
Die umgebogenen Ecken sollten nach oben zeigen. Auf ein Backblech legen und im Backofen bei 180 °C ca. 20 bis 25 Minuten backen.

Einkaufsliste: Forelle in der Folie gebraten

- 2 küchenfertige Forellen (à ca. 150 g)
- 1 Bund Petersilie
- Salz, Pfeffer (aus dem Vorrat)
- Saft einer Zitrone
- 1 Knoblauchknolle
- Pflanzenöl (aus dem Vorrat)

Was noch?

- ____________________
- ____________________
- ____________________
- ____________________
- ____________________
- ____________________
- ____________________
- ____________________
- ____________________
- ____________________
- ____________________
- ____________________

Nudel-Fischtopf

Zutaten für 1 Person

- 1 Tasse Gemüsebrühe (Instant)
- 1 Messerspitze Fenchelsamen
- 1 Messerspitze Rosenpaprika
- 1 Stange Porree
- 1 Möhre
- 50 g Vollkornnudeln
- 125 g Rotbarschfilet
- 1 Zitronenscheibe
- 1 EL gehackte Petersilie
- Salz, Pfeffer

Nudeln nach Packungsanweisung zubereiten. Gemüsebrühe mit Fenchelsamen und Rosenpaprika aufkochen. Porreestange putzen und in Scheiben schneiden. Möhre putzen und fein würfeln. Gemüse in der Brühe 8 Minuten zugedeckt kochen.

Rotbarschfilet unter kaltem Wasser abspülen, mit Küchenkrepp trockentupfen, in Stücke schneiden und salzen. Den Fisch mit der Zitronenscheibe für weitere fünf Minuten in den Fischtopf geben und ziehen lassen. Die Nudeln zugeben, gehackte Petersilie unterrühren und mit Pfeffer würzen.

Einkaufsliste: Nudel-Fischtopf

- o Gemüsebrühe (Instant)
- o 1 Tüte Fenchelsamen
- o Rosenpaprika
- o 1 Stange Porree
- o 1 Möhre
- o 1 Pckg. Vollkornnudeln
- o 125 g Rotbarschfilet
- o 1 Zitrone
- o 1 Bund Petersilie
- o Salz, Pfeffer (aus dem Vorrat)

Was noch?

- o ____________________
- o ____________________
- o ____________________
- o ____________________
- o ____________________
- o ____________________
- o ____________________
- o ____________________
- o ____________________
- o ____________________
- o ____________________
- o ____________________

Wildreis mit Scampis

Zutaten für 2 Personen

- 100 g Wildreis
- 1 Zwiebel
- 2 EL Öl
- 300 ml Fleischbrühe (Instant)
- 100 g Risottoreis
- 1 Briefchen Safran
- 2 Scheiben Ananas (aus der Dose)
- 12 Scampis, roh, geschält
- 150 ml Weißwein
- Salz
- Zitronenmelisse, gehackt

Wildreis nach Packungsanweisung zubereiten. Zwiebel pellen und hacken. In einer Pfanne einen halben EL Öl erhitzen, die Zwiebelwürfel darin goldgelb dünsten und mit der Brühe ablöschen. Risottoreis und Safran hinzufügen und 20 Minuten auf kleiner Flamme köcheln lassen.

Scampis im restlichen Öl braten, aus der Pfanne nehmen und warm stellen.

Ananas abtropfen lassen, in kleine Stücke schneiden und in dem Scampifond kurz anbraten.

Nun die Reissorten und die gebratenen Scampis beifügen. Weißwein aufgießen und alles ganz kurz aufkochen. Mit Salz abschmecken und mit gehackter Zitronenmelisse bestreuen.

Einkaufsliste: Wildreis mit Scampi

- 1 Pckg. Wildreis
- 1 Zwiebel
- Öl (aus dem Vorrat)
- Fleischbrühe (Instant)
- 1 Pckg. Risottoreis
- 1 Briefchen Safran
- 1 kleine Dose Ananasscheiben
- 12 Scampis, roh, geschält
- Weißwein
- Salz (aus dem Vorrat)
- Zitronenmelisse

Was noch?

- ____________________
- ____________________
- ____________________
- ____________________
- ____________________
- ____________________
- ____________________
- ____________________
- ____________________
- ____________________
- ____________________
- ____________________

Kabeljau im Zwiebelbett

Zutaten
für 4 Personen

- 400 g Gemüsezwiebeln
- 1 TL Öl
- ⅛ l Weißwein, trocken
- Salz, Pfeffer
- 2 EL Senf
- 1 Prise Zucker
- 800 g Kabeljaufilet
- 2 EL Zitronensaft
- 2 Fleischtomaten
- 1 Bund Dill
- 100 g geriebener Gouda (45 %)

Backofen auf 200 °C vorheizen. Zwiebeln pellen, halbieren und in dünne Stifte schneiden. In einem Topf das Öl heiß werden lassen und darin die Zwiebeln glasig andünsten. Dann den Wein aufgießen und die Zwiebeln weitere 15 Minuten darin dünsten. Alles mit Salz, Pfeffer, Senf und Zucker abschmecken.

Den Fisch abspülen, mit Küchenkrepp trockentupfen und mit Zitronensaft beträufeln. Die Tomaten mit heißem Wasser überbrühen, die Haut abziehen und in Würfel schneiden. Dill abspülen, trockenschütteln, fein hacken und die Hälfte unter die Zwiebeln rühren. Nun die Hälfte der Zwiebelmasse in eine feuerfeste Auflaufform füllen und mit der Hälfte des geriebenen Käses bestreuen. Dann den Fisch darauf anrichten, etwas salzen und pfeffern, mit den restlichen Zwiebeln bedecken und mit dem übrigen Käse bestreuen.

Im Backofen bei 200 °C ca. 30 Minuten garen. Mit dem restlichen Dill bestreut servieren.

Einkaufsliste: Kabeljau im Zwiebelbett

- o 400 g Gemüsezwiebeln
- o Öl (aus dem Vorrat)
- o 1 Flasche Weißwein, trocken
- o Salz, Pfeffer (aus dem Vorrat)
- o 1 Glas Senf
- o Zucker (aus dem Vorrat)
- o 800 g Kabeljaufilet
- o 1 Zitrone
- o 2 Fleischtomaten
- o 1 Bund Dill
- o 100 g geriebener Gouda (45 %)

Was noch?

- o ____________________
- o ____________________
- o ____________________
- o ____________________
- o ____________________
- o ____________________
- o ____________________
- o ____________________
- o ____________________
- o ____________________
- o ____________________
- o ____________________

Überbackenes Seelachsfilet

Zutaten
für 2 Personen

- 300 g Seelachsfilet
- 1 EL Zitronensaft
- 300 g Chicorée
- 200 g Tomaten
- 100 g Zwiebeln
- Pflanzenöl für die Auflaufform
- Salz, weißer Pfeffer
- 1 Bund Petersilie

Backofen auf 220 °C vorheizen. Seelachsfilet abspülen, mit Küchenkrepp trockentupfen, in Würfel schneiden und sofort mit Zitronensaft beträufeln. Den Chicorée putzen, längs halbieren und den bitteren Strunk keilförmig herausschneiden. Tomaten waschen, vom Stielansatz befreien, dann in Scheiben schneiden. Zwiebeln pellen und in Ringe schneiden.

Die Zwiebelringe in eine eingefettete Auflaufform geben, darauf die Chicoréehälften verteilen. Alles mit wenig Salz würzen, dann die Fischwürfel auf dem Chicorée verteilen und mit den Tomatenscheiben abdecken. Nochmals leicht mit Salz und Pfeffer würzen. Die Auflaufform mit Alufolie abdecken und ca. 20 bis 25 Minuten im vorgeheizten Backofen garen. Vor dem Servieren mit gehackter Petersilie bestreuen.

Einkaufsliste: Überbackenes Seelachsfilet

- 300 g Seelachsfilet
- 1 Zitrone
- 300 g Chicorée
- 200 g Tomaten
- 100 g Zwiebeln
- Pflanzenöl für die Auflaufform (aus dem Vorrat)
- Salz, weißer Pfeffer (aus dem Vorrat)
- 1 Bund Petersilie

Was noch?

- __________
- __________
- __________
- __________
- __________
- __________
- __________
- __________
- __________
- __________
- __________
- __________

Fischsuppe

Zutaten für 4 Personen

- 750 g Kabeljaufilet
- 600 ml Wasser
- 2 EL Pflanzenöl
- 2 Stangen Porree
- 1 Zwiebel
- 2 Knoblauchzehen
- 1 Prise Ingwer
- 3 TL Chilipulver
- Salz
- 100 g Zucchini
- 1 rote Paprikaschote

Den Fisch abspülen, mit Küchenkrepp trockentupfen und in Stücke schneiden. Wasser aufkochen, dann den Fisch hinzufügen und ca. 8 Minuten schwach sieden lassen. Vom Herd nehmen und zur Seite stellen.

Zwiebel und Knoblauch pellen und fein würfeln. Porree gründlich waschen und in Scheiben schneiden. In einer Pfanne das Öl erhitzen und Zwiebel, Porree und Knoblauch hinzufügen. Alles mit Ingwer, Chilipulver und Salz würzen. Das Gemüse nun unter ständigem Rühren ca. 3 Minuten dünsten. Zucchini waschen und in Scheiben schneiden, Paprikaschote waschen, halbieren, das Kerngehäuse entfernen, in Streifen schneiden und ebenfalls in die Pfanne geben. Das gesamte Gemüse nun gar dünsten, dabei ständig umrühren.

Die Gemüsemischung in den Topf mit dem Fisch geben und die Suppe nochmals gut durchwärmen. Heiß servieren.

Einkaufsliste: Fischsuppe

- 750 g Kabeljaufilet
- Pflanzenöl (aus dem Vorrat)
- 2 Stangen Porree
- 1 Zwiebel
- 1 Knoblauchknolle
- Ingwer
- Chilipulver
- Salz (aus dem Vorrat)
- 1 Zucchini
- 1 rote Paprikaschote

Was noch?

- ______
- ______
- ______
- ______
- ______
- ______
- ______
- ______
- ______
- ______
- ______
- ______

Käsefrikadellen

Zutaten für 2 Personen

- 5 altbackene Semmeln
- ½ Tasse fettreduzierte Milch
- 50 g Karotten
- 50 g Zwiebeln
- 50 g Champignons
- 50 g Zucchini
- 2 Eier
- 2 EL Quark
- 1 EL verschiedene Kräuter (TK)
- 80 g Emmentaler, geraspelt
- Pflanzenöl

Die Semmeln in kleine Würfel schneiden und in heißer Milch aufquellen lassen.

Karotten putzen, Zwiebeln pellen, Champignons waschen und trockentupfen. Karotten, Zwiebeln und Zucchini fein raspeln, Champignons klein hacken. Alles zusammen mit den Eiern, Quark und Kräutern zu einem geschmeidigen Teig verkneten.

Zum Schluss den Käse unterkneten. Aus dieser Masse Frikadellen formen und in heißem Öl in der Pfanne ausbacken.

Vegetarisch

Einkaufsliste: Käsefrikadellen

- 5 Semmeln
- ½ l fettreduzierte Milch
- 2 Karotten
- 2 kleine Zwiebeln
- 50 g Champignons
- 1 kleine Zucchini
- 2 Eier
- 1 kleiner Becher Quark
- 1 Pckg. verschiedene Kräuter (TK)
- 80 g Emmentaler, geraspelt
- Pflanzenöl (aus dem Vorrat)

Was noch?

- ______
- ______
- ______
- ______
- ______
- ______
- ______
- ______
- ______
- ______
- ______
- ______

Feuerbohnentopf

Zutaten
für 5 Personen

- 2 ½ EL Sonnenblumenöl
- 2 große Zwiebeln
- 1 gelbe Paprikaschote
- 1 rote Paprikaschote
- 1 grüne Paprikaschote
- 3 EL Tomatenmark
- 375 ml Gemüsebrühe (Instant)
- 600 g Grünkernschrot
- 1 kleine Dose Gemüsemais
- 1 Dose Kidney-Bohnen (Abtropfgewicht 255 g)
- 150 ml Chilisauce
- Salz, Pfeffer
- Chilipulver

Zwiebeln pellen und fein würfeln. Paprikaschoten waschen, mit Küchenkrepp trockentupfen, halbieren, das Kerngehäuse entfernen und in Würfel schneiden. In einem großen Topf das Öl erhitzen. Zwiebel- und Paprikawürfel in das heiße Öl geben und ca. 10 min. dünsten, dabei immer wieder umrühren. Nun das Tomatenmark unterrühren und mit der Gemüsebrühe ablöschen. Alles zum Kochen bringen, Grünkernschrot hinzufügen und ca. 15 bis 20 min. garen.

Bohnen und Mais abtropfen lassen und zusammen mit der Chilisauce in die Suppe geben. Nochmals aufkochen lassen und zum Schluss mit Salz, Pfeffer und Chilipulver würzen.

Vegetarisch

Einkaufsliste: Feuerbohnentopf

- o Sonnenblumenöl (aus dem Vorrat)
- o 2 große Zwiebeln
- o 1 gelbe Paprikaschote
- o 1 rote Paprikaschote
- o 1 grüne Paprikaschote
- o 1 Tube Tomatenmark
- o Gemüsebrühe (Instant)
- o 1 kleine Dose Gemüsemais
- o 1 Dose Kidney-Bohnen (Abtropfgewicht 255 g)
- o 1 Flasche Chilisauce
- o 600 g Grünkernschrot
- o Salz, Pfeffer (aus dem Vorrat)
- o Chilipulver

Was noch?

- o ______
- o ______
- o ______
- o ______
- o ______
- o ______
- o ______
- o ______
- o ______
- o ______
- o ______
- o ______

Pilz-Kartoffelsalat

Zutaten für 2 Personen

- 350 g Pellkartoffeln
- 2 Eier
- 100 g kleine Champignons (aus der Dose)
- ½ Zwiebel
- Salz, Pfeffer
- 2 EL Weinessig
- 1 TL Senf
- Zucker
- 2 ½ EL Öl

Pellkartoffeln noch warm pellen, dann abkühlen lassen und in Scheiben schneiden. Eier hart kochen, abkühlen lassen, schälen und sechsteln. Champignons abgießen, abtropfen lassen und in dünne Scheiben schneiden. Zwiebel pellen und fein würfeln. Essig und Senf verrühren und mit Salz und Pfeffer abschmecken. Dann das Öl kräftig unterschlagen.

Kartoffeln, Champignons und Zwiebel vorsichtig in der Marinade mischen und etwas durchziehen lassen. Zum Schluss ganz vorsichtig die Eier unterheben.

Vegetarisch

Einkaufsliste: Pilz-Kartoffelsalat

- o 350 g Kartoffeln
- o 2 Eier
- o 1 kleine Dose Champignons
- o 1 Zwiebel
- o Salz, Pfeffer (aus dem Vorrat)
- o 1 Glas Senf
- o Zucker (aus dem Vorrat)
- o 2 ½ EL Öl (aus dem Vorrat)

Was noch?

o ______________________

o ______________________

o ______________________

o ______________________

o ______________________

o ______________________

o ______________________

o ______________________

o ______________________

o ______________________

o ______________________

o ______________________

Äpfel mit Curryreis

Zutaten für 4 Personen

- 3 EL Mischpilze, getrocknet
- 4 EL Sojasauce
- 1 Tasse Reis
- 2 TL Curry
- 1 Ingwerwurzelstück, ca. 1 cm
- 75 g eingelegte Paprikaschoten (Konserve)
- 1 EL Pflanzenöl
- 3 EL Marinade von den Paprikaschoten
- Salz, Pfeffer
- 4 saure Äpfel

Backofen auf 200 °C vorheizen. Eine Stunde vor der Zubereitung die getrockneten Pilze in der Sojasauce einweichen. Reis nach Packungsanweisung kochen, dabei den Curry zugeben. Die Ingwerwurzel schälen und klein hacken, Paprika würfeln. Nun die Pilze abtropfen lassen und im heißen Öl kräftig anbraten, dann mit der Paprikamarinade ablöschen. Ingwer, Paprika und die Sojasauce zugeben. Dann den fertig gegarten Reis untermengen.

Äpfel waschen, mit Küchenkrepp trockenreiben. Von den Äpfeln einen 2 cm dicken Deckel abschneiden und mit einem Messer oder Löffel aushöhlen. Ca. 1 cm Fruchtfleisch sollte stehen bleiben. Nun die Äpfel mit der Reis-Pilz-Mischung füllen. Ein Backblech mit Backpapier auslegen und die Äpfel auf dem Backblech bei 200 °C ca. 15 bis 20 Minuten garen.

Vegetarisch

Einkaufsliste: Äpfel mit Curryreis

- o 1 Tüte Mischpilze, getrocknet
- o 1 kleines Glas eingelegte Paprikaschoten
- o Sojasauce
- o 1 Pckg. Reis
- o Curry
- o 1 kleines Stück Ingwerwurzel
- o Pflanzenöl (aus dem Vorrat)
- o Salz, Pfeffer (aus dem Vorrat)
- o 4 saure Äpfel

Was noch?

- o ______
- o ______
- o ______
- o ______
- o ______
- o ______
- o ______
- o ______
- o ______
- o ______
- o ______
- o ______

Kartoffel-Erbsen-Eintopf

**Zutaten
für 4 Personen**

- 1 kg Kartoffeln
- 1 EL Öl
- ⅛ l Gemüsebrühe (Instant)
- ⅛ l trockener Weißwein
- 300 g Erbsen (TK)
- 200 g Crème légère
- 1 EL geriebener Meerrettich (aus dem Glas)
- Salz, weißer Pfeffer

Kartoffeln schälen, waschen und in kleine Würfel schneiden. Das Öl in einem Topf erhitzen, die Kartoffeln im heißen Öl kurz anbraten, dann mit der Brühe und dem Wein ablöschen. Im geschlossenen Topf mit wenig Hitze die Kartoffeln ca. 10 Minuten garen. Nun die Erbsen zu den Kartoffeln geben und weitere 10 Minuten köcheln lassen, bis die Erbsen und Kartoffeln gar sind. Dann Crème légère und geriebenen Meerrettich unterrühren. Alles mit Salz und Pfeffer abschmecken.

Vegetarisch

Einkaufsliste: Kartoffel-Erbsen-Eintopf

- o 1 kg Kartoffeln
- o 2 Becher Crème légère (à 150 g)
- o 1 kleines Glas geriebener Meerrettich
- o Öl (aus dem Vorrat)
- o Gemüsebrühe (Instant)
- o 1 Flasche trockener Weißwein
- o 300 g Erbsen (TK)
- o Salz, weißer Pfeffer (aus dem Vorrat)

Was noch?

o ____________________

o ____________________

o ____________________

o ____________________

o ____________________

o ____________________

o ____________________

o ____________________

o ____________________

o ____________________

o ____________________

o ____________________

Puten-Zucchini-Eintopf

Zutaten
für 4 Personen

- 2 Tassen Reis
- 750 g Zucchini
- 2 Knoblauchzehen
- 6 Salbeiblätter
- 4 Putenschnitzel
- 2 TL Olivenöl
- 750 ml Hühnerbrühe (Instant)
- Salz, Pfeffer
- Tabascosauce

Reis nach Packungsanweisung zubereiten. Zucchini waschen und in Scheiben schneiden. Knoblauch schälen und fein hacken. Salbei waschen, abtrocknen und in dünne Streifen schneiden. Fleisch abspülen, mit Küchenkrepp trockentupfen und in mundgerechte Stücke schneiden.

Olivenöl in einem Topf erhitzen, darin das Fleisch von allen Seiten anbraten. Knoblauch und Salbei zugeben und mit Salz und Pfeffer würzen. Alles mit der Hühnerbrühe ablöschen, Zucchini dazugeben, aufkochen und das Gericht zugedeckt bei geringer Hitze ca. 10 min. köcheln lassen.

Den Puten-Zucchini-Eintopf mit Salz, Pfeffer und einigen Spritzern Tabascosauce abschmecken und den fertig gegarten Reis unterrühren.

Vegetarisch

Einkaufsliste: Puten-Zucchini-Eintopf

- o 1 Pckg. Reis
- o 4 Putenschnitzel
- o 750 g Zucchini
- o 1 Knoblauchknolle
- o 6 Salbeiblätter
- o 1 Glas Hühnerbrühe (Instant)
- o Salz, Pfeffer (aus dem Vorrat)
- o 1 Flasche Tabascosauce
- o Olivenöl (aus dem Vorrat)

Was noch?

o ____________________

o ____________________

o ____________________

o ____________________

o ____________________

o ____________________

o ____________________

o ____________________

o ____________________

o ____________________

o ____________________

o ____________________

Bananengratin

Zutaten
für 4 Personen

- 100 g Dinkel
- 50 g Maisgrieß
- 50 g grob gehackte Haselnüsse
- abgeriebene Schale einer unbehandelten Zitrone
- 80 g fettreduzierte Margarine
- 1 EL Ahornsirup
- 400 g säuerliche Äpfel
- 4 Bananen

Dinkel und Maisgrieß fein mahlen. Die grob gehackten Nüsse und die abgeriebene Zitronenschale hinzufügen. Alles vermischen. Margarine kurz erwärmen, damit sie flüssig wird, und mit dem Ahornsirup unter die Zutaten rühren. Mit dem Mixer (Knethaken) alles zu einem krümeligen Teig verarbeiten. Die geschälten, entkernten und grob geraspelten Äpfel und die geschälten und in Scheiben geschnittenen Bananen untermengen.

Die Masse in eine Auflaufform füllen und im Backofen bei ca. 200 °C ca. 35 bis 40 Minuten backen.

Vegetarisch

Einkaufsliste: Bananengratin

- o 100 g Dinkel
- o 50 g Maisgrieß
- o fettreduzierte Margarine
- o 1 Tüte Haselnüsse
- o 1 unbehandelte Zitrone
- o Ahornsirup
- o 400 g säuerliche Äpfel
- o 4 Bananen

Was noch?

- o ______
- o ______
- o ______
- o ______
- o ______
- o ______
- o ______
- o ______
- o ______
- o ______
- o ______
- o ______

Rucolasalat mit Erdbeeren

Zutaten
für 4 Personen

- 250 g Rucola
- 1 Bund Basilikum
- 500 g Erdbeeren
- 50 g Schafskäse am Stück
- 5 EL Balsamico-Essig
- 50 g flüssiger Honig
- 8 EL Olivenöl
- Salz, Pfeffer

Rucola putzen und trockenschleudern. Größere Basilikumblätter grob zerschneiden. Erdbeeren waschen, putzen und längs vierteln. Den Schafskäse dünn raspeln.

Balsamico-Essig, Honig und Olivenöl zu einer Marinade anrühren und mit Salz und Pfeffer abschmecken.

Rucola, Basilikum und Erdbeeren behutsam mit der Marinade vermischen und mit dem geraspelten Schafskäse bestreuen.

Vegetarisch

Einkaufsliste: Rucolasalat mit Erdbeeren

- o 250 g Rucola
- o 1 Bund Basilikum
- o 500 g Erdbeeren
- o 50 g Schafskäse am Stück
- o 1 kleine Flasche Balsamico-Essig
- o 1 kleines Glas flüssiger Honig
- o Olivenöl (aus dem Vorrat)
- o Salz, Pfeffer (aus dem Vorrat)

Was noch?

- o __________
- o __________
- o __________
- o __________
- o __________
- o __________
- o __________
- o __________
- o __________
- o __________
- o __________
- o __________

Nudel-Lauch-Gratin

Zutaten für 2 Personen

- 5 g getrocknete Steinpilze
- 2 Stangen Lauch
- 250 g Bandnudeln
- Salz, Pfeffer
- 100 g Roquefort
- 150 ml Milch (1,5 % Fett)
- 1 EL Kartoffelstärke
- ½ EL gekörnte Gemüsebrühe (Instant)
- 1 EL Petersilie

Den Backofen auf 200 °C vorheizen. Die Steinpilze ca. 30 Minuten vor der Zubereitung in wenig Wasser einweichen. Lauch putzen, längs halbieren und waschen. (Nur das Weiße vom Lauch für die weitere Zubereitung verwenden.) Lauch in dünne Streifen schneiden. In einem Kochtopf die Bandnudeln nach Packungsanweisung zubereiten, aber nach ca. 3 Minuten Garzeit die Lauchstreifen dazugeben. Die fertig gegarten Nudeln mit dem Lauch abgießen, kalt abschrecken und abtropfen lassen. Mit einer Gabel den Roquefort zerkrümeln. Die Milch in einem kleinen Topf erhitzen und die Hälfte des Roqueforts darin verrühren, bis er sich aufgelöst hat, dann die Kartoffelstärke einstreuen und mit der gekörnten Brühe würzen. Die Steinpilze abtropfen lassen, fein hacken und zusammen mit dem Einweichwasser unter die Käsesauce rühren. Die Sauce mit etwas Salz und Pfeffer würzen. Petersilie waschen, trockenschütteln, fein hacken und unterrühren. Die Nudeln mit dem Lauch in einer Auflaufform verteilen. Die Sauce darüber geben und mit dem restlichen Roquefort bestreuen. Das Gericht im heißen Ofen auf der mittleren Schiene etwa 10 bis 15 Minuten überbacken.

Vegetarisch

Einkaufsliste: Nudel-Lauch-Gratin

- o 1 Tüte getrocknete Steinpilze
- o 2 Stangen Lauch
- o 1 Pckg. Bandnudeln
- o Salz, Pfeffer (aus dem Vorrat)
- o 100 g Roquefort
- o 250 ml Milch (1,5 % Fett)
- o 1 Pckg. Kartoffelstärke
- o Gemüsebrühe (Instant)
- o 1 Bund Petersilie

Was noch?

- o ____________________
- o ____________________
- o ____________________
- o ____________________
- o ____________________
- o ____________________
- o ____________________
- o ____________________
- o ____________________
- o ____________________
- o ____________________
- o ____________________

Antipasto mit Austernpilzen

Zutaten für 5 Personen

- ⅛ Liter Rotweinessig
- 100 ml Olivenöl
- Salz, Pfeffer
- 1 Prise Zucker
- 1 Knoblauchzehe
- 5 Thymianzweige
- 2 Lorbeerblätter
- 750 Gramm Austernpilze

Eine Marinade aus Essig und 50 ml Olivenöl anrühren, mit Salz, Pfeffer und Zucker abschmecken. Knoblauch schälen und in dünne Scheiben schneiden. Thymianblättchen abzupfen, mit Knoblauch und Lorbeerblättern in die Marinade geben.

Die Austernpilze putzen, halbieren und in dem restlichen Olivenöl kräftig braten und mit Salz und Pfeffer abschmecken. Noch warm mit der Marinade übergießen und mindestens 24 Stunden im Kühlschrank ziehen lassen.

Vegetarisch

Einkaufsliste: Antipasto mit Austernpilzen

- o 1 Flasche Rotweinessig
- o 100 ml Olivenöl
- o Salz, Pfeffer (aus dem Vorrat)
- o 1 Prise Zucker (aus dem Vorrat)
- o 1 Knoblauchknolle
- o 5 Thymianzweige
- o Lorbeerblätter
- o 750 Gramm Austernpilze

Was noch?

- o ______________________
- o ______________________
- o ______________________
- o ______________________
- o ______________________
- o ______________________
- o ______________________
- o ______________________
- o ______________________
- o ______________________
- o ______________________
- o ______________________

Rosmarinkartoffeln

Zutaten für 2 Personen

- 1 Zwiebel
- 2 Knoblauchzehen
- 2 EL Olivenöl
- 5 EL Weißwein
- 1 ½ EL Rosmarin
- 400 g kleine neue Kartoffeln
- Salz, Pfeffer
- ½ TL abgeriebene Zitronenschale

Den Backofen auf 220°C vorheizen. Die Zwiebel pellen und fein würfeln, Knoblauchzehen abziehen und in dünne Scheiben schneiden. Beides in eine tiefere Auflaufform geben. Öl mit 2 EL Weißwein und Rosmarin verrühren, ebenfalls in die Auflaufform geben und mit den Zwiebelwürfeln verrühren.

Die Kartoffeln gründlich waschen und mit Küchenkrepp trockenreiben, dann halbieren, in die Form geben und mit Pfeffer und Salz bestreuen. Anschließend mehrmals in der Ölmischung wenden. Dann die Auflaufform mit Alufolie abdecken oder einen Deckel auf die Auflaufform geben. Die Kartoffeln im Backofen ca. 30 Minuten garen. Zwischendurch zweimal umwenden. Mit einem spitzen Messer prüfen, ob die Kartoffeln weich sind. Dann den Backofen ausschalten. Nun den restlichen Weißwein und die abgeriebene Zitronenschale unterheben und die Kartoffeln nochmals ca. 10 Minuten im warmen Ofen ziehen lassen.

Vegetarisch

Einkaufsliste: Rosmarinkartoffeln

- 400 g kleine neue Kartoffeln
- Salz, Pfeffer (aus dem Vorrat)
- Olivenöl (aus dem Vorrat)
- 1 Zwiebel
- 1 Knoblauchknolle
- 1 Flasche Weißwein
- Rosmarin
- 1 Zitrone

Was noch?

- ____________________
- ____________________
- ____________________
- ____________________
- ____________________
- ____________________
- ____________________
- ____________________
- ____________________
- ____________________
- ____________________
- ____________________

Schneller Nudeltopf

Zutaten für 2 Personen

- 125 g Gabelspaghetti
- 1 Bund Frühlingszwiebeln
- 1 rote Paprikaschote
- 250 g Rinderhackfleisch
- 500 ml Brühe (Instant)
- Salz, Pfeffer
- Curry
- Saucenbinder

Gabelspaghetti nach Packungsanweisung zubereiten. In einer beschichteten Pfanne ohne Zugabe von Fett das Hackfleisch unter ständigem Rühren anbraten. Mit Salz und Pfeffer würzen. Frühlingszwiebeln putzen und in feine Ringe schneiden. Paprika waschen, trockenreiben, halbieren, entkernen und in kleine Würfel schneiden. Zwiebelringe und Paprikawürfel zum Hackfleisch geben und kurz mit anbraten. Dann mit der Brühe ablöschen. Kurz aufkochen lassen, dann die bissfest gegarten und abgetropften Spaghetti unterrühren. Mit etwas Saucenbinder die Sauce binden und nochmals mit Salz, Pfeffer und Curry abschmecken.

Einkaufsliste: Schneller Nudeltopf

- o 1 Pckg. Gabelspaghetti
- o 1 Bund Frühlingszwiebeln
- o 1 rote Paprikaschote
- o 250 g Rinderhackfleisch
- o Brühe (Instant)
- o Curry (aus dem Vorrat)
- o Salz, Pfeffer
  (aus dem Vorrat)
- o 1 Pckg. Saucenbinder

Was noch?

- o ______________________
- o ______________________
- o ______________________
- o ______________________
- o ______________________
- o ______________________
- o ______________________
- o ______________________
- o ______________________
- o ______________________
- o ______________________
- o ______________________

Nudelauflauf

Zutaten für 2 Personen

- 200 g Nudeln
- 200 g Rindergehacktes
- Salz, Pfeffer
- 1 Zwiebel
- 1 Knoblauchzehe
- 125 g Gemüsebrühe (Instant)
- 1 Prise Muskat
- 150 g Crème légère
- 50 g fettarmer, geraspelter Käse
- 100 g Erbsen (TK)

Nudeln nach Packungsanweisung bissfest kochen, dann abgießen und beiseite stellen.

Hackfleisch in einer beschichteten Pfanne ohne Zugabe von Fett anbraten und mit Salz und Pfeffer würzen. Zwiebel und Knoblauchzehe pellen und fein hacken. Beides zum Hackfleisch geben und darin kurz mit anbraten. Mit der Brühe ablöschen, anschließend die Erbsen dazugeben und alles kurz kochen lassen. Nochmals mit Salz, Pfeffer und Muskat abschmecken, dann die Pfanne vom Herd nehmen und Crème légère unterrühren. Nun die Nudeln in eine Auflaufform füllen und die Hackfleischmasse darüber geben. Mit dem Löffel alles ein wenig glatt streichen und mit dem geriebenen Käse bestreuen.

Den Auflauf bei 180 °C überbacken, bis der Käse leicht gebräunt ist.

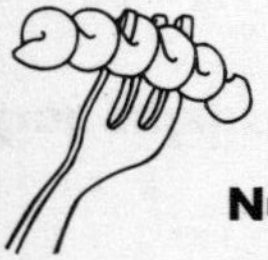

Einkaufsliste: Nudelauflauf

- o 1 Pckg. Nudeln
- o 200 g Rindergehacktes
- o Salz, Pfeffer (aus dem Vorrat)
- o 1 Zwiebel
- o 1 Knoblauchknolle
- o Gemüsebrühe (Instant)
- o Muskat
- o 1 Becher (150 g) Crème légère
- o 1 Pckg. Fettarmer, geraspelter Käse
- o 1 Pckg. Erbsen (TK)

Was noch?

- o ______________________
- o ______________________
- o ______________________
- o ______________________
- o ______________________
- o ______________________
- o ______________________
- o ______________________
- o ______________________
- o ______________________
- o ______________________
- o ______________________

Nudel-Puten-Pfanne

Zutaten
für 1 Person

- 100 g Nudeln
- 1 TL Öl
- 1 Zwiebel
- 100 g Putenbrust
- 150 g Champignons
- 20 g Crème légère
- Salz, Pfeffer

Nudeln nach Packungsanweisung kochen. Zwiebel pellen und in Ringe schneiden. In einer beschichteten Pfanne in wenig heißem Öl die Zwiebelringe anbraten.

Putenbrust und Champignons waschen, mit Küchenkrepp trockentupfen und in Streifen schneiden. Beides zu den Zwiebeln in die Pfanne geben und braten, bis das Fleisch gar ist. Dann die fertig gegarten Nudeln und Crème légère hinzufügen, alles kurz nochmals aufkochen und mit Salz und Pfeffer würzen.

Einkaufsliste: Nudel-Puten-Pfanne

- o 1 Paket Nudeln
- o Öl (aus dem Vorrat)
- o 1 Zwiebel
- o 100 g Putenbrust
- o 150 g Champignons
- o 1 Becher Crème légère
- o Salz, Pfeffer (aus dem Vorrat)

Was noch?

- o ____________________
- o ____________________
- o ____________________
- o ____________________
- o ____________________
- o ____________________
- o ____________________
- o ____________________
- o ____________________
- o ____________________
- o ____________________
- o ____________________

Spaghetti mit knusprigem Schinken

Zutaten für 2 Personen

- 150 g Frühlingszwiebeln
- 1 TL Olivenöl
- 100 g roher Schinken (ohne Fettrand)
- 100 g Kochschinken (ohne Fettrand)
- 250 g Spaghetti
- 2 EL Parmesan

Frühlingszwiebeln putzen und in Würfel schneiden. Koch- und Rohschinken in Streifen schneiden. Das Olivenöl in einer Pfanne erhitzen und darin Schinken- und Zwiebelwürfel knusprig anbraten.

Die Spaghetti im Salzwasser »al dente« kochen und abgießen. Das Schinken-Zwiebel-Gemisch unter die Spaghetti mischen und mit Parmesan bestreuen.

Einkaufsliste: Spaghetti mit knusprigem Schinken

- o 100 g roher Schinken (ohne Fettrand)
- o 100 g Kochschinken (ohne Fettrand)
- o 150 g Frühlingszwiebeln
- o Olivenöl (aus dem Vorrat)
- o 1 Paket Spaghetti
- o 1 Tüte geriebener Parmesankäse

Was noch?

o ____________________

o ____________________

o ____________________

o ____________________

o ____________________

o ____________________

o ____________________

o ____________________

o ____________________

o ____________________

o ____________________

o ____________________

Nudeln mit Spinatsauce

Zutaten für 4 Personen

- 1 Zwiebel
- 2 Knoblauchzehen
- 15 g Halbfettbutter
- 300 g Blattspinat (TK)
- 150 g Kondensmilch, 3 % Fett
- Salz, Pfeffer
- Muskatnuss
- 400 g Nudeln
- 30 g Pinienkerne
- 150 g Kochschinken (ohne Fettrand)

Zwiebel und Knoblauchzehen pellen, klein hacken und in der Halbfettbutter dünsten. Dann den Blattspinat und Kondensmilch zufügen und alles ca. 20 Minuten bei mittlerer Hitze köcheln lassen, mit Salz, Pfeffer und Muskat würzen.

Nudeln in Salzwasser nach Packungsanweisung bissfest garen. Pinienkerne in einer beschichteten Pfanne ohne Zugabe von Fett rösten. Schinken würfeln und in die Sauce rühren.

Nudeln und Spinatsauce separat servieren, die Sauce mit den gerösteten Pinienkernen bestreuen.

Einkaufsliste: Nudeln mit Spinatsauce

- o 1 Zwiebel
- o 1 Knoblauchknolle
- o 1 Becher Halbfettbutter
- o 300 g Blattspinat (TK)
- o 1 Dose Kondensmilch
- o Salz, Pfeffer (aus dem Vorrat)
- o Muskatnuss
- o 1 Pckg. Nudeln
- o 1 Tüte Pinienkerne
- o 150 g Kochschinken (ohne Fettrand)

Was noch?

- o ______
- o ______
- o ______
- o ______
- o ______
- o ______
- o ______
- o ______
- o ______
- o ______
- o ______
- o ______

Tomatennudeln mit Hackfleisch

Zutaten für 2 Personen

- 200 g Spiralnudeln
- 300 g Rindergehacktes
- 120 g Champignonscheiben aus der Dose
- 1 Tube Tomatenmark
- Salz, Pfeffer
- Basilikum
- Oregano
- Thymian

Nudeln nach Packungsanweisung kochen. Rindergehacktes in einem beschichteten Kochtopf ohne Zugabe von Fett anbraten, dann die Pilze hinzufügen und kurze Zeit mit anbraten. Das Hackfleisch-Pilz-Gemisch nun mit Salz, Pfeffer, Basilikum, Oregano und Thymian vorsichtig würzen.

Die fertig gegarten Nudeln in den Topf mit dem Hackfleisch geben, das Tomatenmark unterrühren, nochmals erhitzen und anschließend sofort servieren.

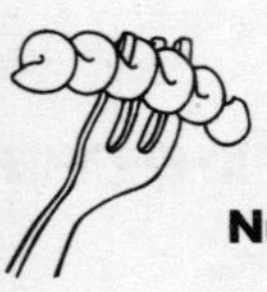

Einkaufsliste: Tomatennudeln mit Hackfleisch

- o 1 Tüte Spiralnudeln
- o 300 g Rindergehacktes
- o 1 kleine Dose Champignonscheiben
- o Salz, Pfeffer (aus dem Vorrat)
- o 1 Tube oder Dose Tomatenmark (200 g)
- o Basilikum
- o Oregano
- o Thymian

Was noch?

- o ______________________
- o ______________________
- o ______________________
- o ______________________
- o ______________________
- o ______________________
- o ______________________
- o ______________________
- o ______________________
- o ______________________
- o ______________________
- o ______________________

Paprika-Käse-Nudeln

Zutaten
für 2 Personen

- 200 g Spiralnudeln
- 2 kleine Paprikaschoten
- 50 g Lachsschinken in Scheiben
- 50 g Gouda light; 16 % Fett
- Salz, Pfeffer
- Maggiwürze

Nudeln nach Packungsanweisung bissfest garen. Paprika waschen, mit Küchenkrepp trockenreiben, halbieren, Kerngehäuse entfernen und in kleine Stücke schneiden. Lachsschinken in Streifen schneiden. In einer beschichteten Pfanne ohne Zugabe von Fett den Lachsschinken anbraten, dann die Paprikawürfel zugeben und ebenfalls anbraten.

Die fertig gegarten Nudeln hinzufügen, alles verrühren und zum Schluss den in Stücke zerteilen Käse untermengen und unter ständigem Rühren schmelzen lassen. Alles mit Pfeffer, Salz und etwas Maggi würzen.

Einkaufsliste: Paprika-Käse-Nudeln

- o 1 Pckg. Spiralnudeln
- o 2 kleine Paprikaschoten
- o 50 g Lachsschinken in Scheiben
- o 50 g Gouda light; 16 % Fett
- o Salz, Pfeffer
  (aus dem Vorrat)
- o 1 Flasche Maggiwürze

Was noch?

- o ______________________
- o ______________________
- o ______________________
- o ______________________
- o ______________________
- o ______________________
- o ______________________
- o ______________________
- o ______________________
- o ______________________
- o ______________________
- o ______________________

Kräuternudeln

Zutaten für 2 Personen

- 200 g Spirelli-Nudeln
- 200 g fettreduzierter Frischkäse
- 1 Zwiebel
- 1 Päckchen TK-Petersilie (25 g)
- 1 Päckchen TK-Schnittlauch (25 g)
- Salz, Pfeffer

Nudeln nach Packungsanweisung bissfest garen. Inzwischen in einer größeren Schüssel den Frischkäse mit der gepellten und gehackten Zwiebel und mit den Kräutern verrühren. Alles mit Salz und Pfeffer abschmecken.

Nudeln über einem Sieb abgießen, kurz kalt abschrecken und noch warm unter die Frischkäsemasse heben. Alles gut durchrühren.

Eventuelle Reste kann man am nächsten Tag auch als Salat servieren.

Einkaufsliste: Kräuternudeln

- o 1 Pckg. Spirelli-Nudeln
- o 200 g fettreduzierter Frischkäse
- o 1 Päckchen TK-Petersilie (25 g)
- o 1 Päckchen TK-Schnittlauch (25 g)
- o 1 Zwiebel
- o Salz, Pfeffer (aus dem Vorrat)

Was noch?

- o ____________________
- o ____________________
- o ____________________
- o ____________________
- o ____________________
- o ____________________
- o ____________________
- o ____________________
- o ____________________
- o ____________________
- o ____________________
- o ____________________

Gebratene Nudeln

Zutaten für 2 Personen

- 1 Stange Lauch
- 2 bis 3 Möhren
- 2 Knoblauchzehen
- 200 g Mie-Nudeln (Chinesische Instantnudeln)
- 1 TL Walnussöl
- 1 rote Chilischote
- 150 g Mungobohnenkeime
- Salz, Pfeffer
- Sojasauce

Lauch und Möhren gut waschen, putzen und in feine Stifte schneiden. Knoblauchzehen pellen und hacken. Chilischote ebenfalls fein hacken. Mie-Nudeln nach Packungsanweisung zubereiten und über einem Sieb abgießen.

In einem Wok oder einer tieferen Pfanne das Öl erhitzen und darin das gesamte Gemüse abraten. Nun die Nudeln hinzufügen. Alles gut durchrühren und dann die Nudeln kräftig anbraten. Mit Salz und Pfeffer würzen und zum Schluss mit der Sojasauce nach Geschmack würzen.

Einkaufsliste: Gebratene Nudeln

- o 1 Stange Lauch
- o 3 Möhren
- o 1 Pckg. Mie-Nudeln (Chinesische Instantnudeln)
- o 1 Knoblauchknolle
- o 1 Flasche Walnussöl
- o 1 rote Chilischote
- o 150 g Mungobohnenkeime
- o Salz, Pfeffer (aus dem Vorrat)
- o Sojasauce

Was noch?

- o ______________________
- o ______________________
- o ______________________
- o ______________________
- o ______________________
- o ______________________
- o ______________________
- o ______________________
- o ______________________
- o ______________________
- o ______________________
- o ______________________

Möhren-Nudeln mit Knoblauch-Basilikum-Sauce

Zutaten für 2 Personen

- 100 g Vollkornnudeln
- 600 g Möhren
- 2 Tassen Gemüsebrühe (Instant)
- 1 Tasse Wasser
- 1 Bund Basilikum
- 2 EL Kürbiskerne (geschält)
- 1 TL Olivenöl
- 2 EL geriebener Parmesan
- 2 Knoblauchzehen
- Salz, Pfeffer

Nudeln nach Packungsanweisung kochen. Möhren schälen, in dünne Scheiben schneiden und in der Gemüsebrühe und dem Wasser ca. 7 Minuten kochen. Inzwischen die Nudeln abgießen und in eine Schüssel füllen. Die Möhren über einem Sieb abgießen, die Brühe dabei auffangen. Möhren unter die Nudeln heben.

Basilikum putzen und zusammen mit Kürbiskernen, Olivenöl, Parmesan und Knoblauchzehen mit dem elektrischen Mixer pürieren und mit Salz und Pfeffer würzen. Die Brühe der Möhren auffüllen und alles nochmals gut durchmixen.

Möhren-Nudeln und Knoblauch-Basilikum-Sauce separat servieren.

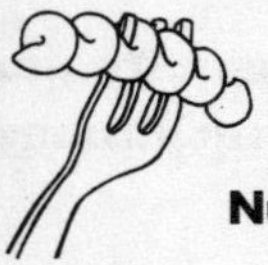

Einkaufsliste: Möhren-Nudeln mit Knoblauch-Basilikum-Sauce

- o 1 Pckg. Vollkornnudeln
- o 600 g Möhren
- o Gemüsebrühe (Instant)
- o 1 Bund Basilikum
- o 1 Tüte Kürbiskerne (geschält)
- o Olivenöl (aus dem Vorrat)
- o geriebener Parmesan
- o 1 Knoblauchknolle
- o Salz, Pfeffer (aus dem Vorrat)

Was noch?

- o ____________________
- o ____________________
- o ____________________
- o ____________________
- o ____________________
- o ____________________
- o ____________________
- o ____________________
- o ____________________
- o ____________________
- o ____________________
- o ____________________

Nudeln mit Thunfischsauce

Zutaten
für 4 Personen

- 400 g Spirelli-Nudeln
- 200 g Thunfisch im eigenen Saft (Konserve)
- 500 g passierte Tomaten (Konserve)
- 500 g Tomato al Gusto Champignon

Nudeln nach Packungsanweisung in Salzwasser kochen. Thunfisch in einen Topf geben und mit den passierten Tomaten und Tomato al Gusto Champignon verrühren. Alles gut verrühren, erwärmen und getrennt servieren.

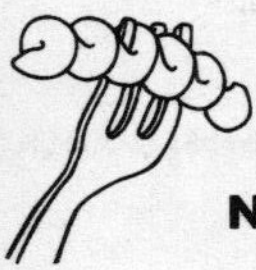

Einkaufsliste: Nudeln mit Thunfischsauce

- o 1 Pckg. Spirelli-Nudeln
- o 1 Büchse Thunfisch im eigenen Saft (200 g)
- o 1 große Dose (ca. 500 g) passierte Tomaten
- o 500 g Tomato al Gusto Champignon

Was noch?

- o ____________________
- o ____________________
- o ____________________
- o ____________________
- o ____________________
- o ____________________
- o ____________________
- o ____________________
- o ____________________
- o ____________________
- o ____________________
- o ____________________

Nudeln mit scharfer Tomatensauce

**Zutaten
für 2 Personen**

- 200 g Nudeln
- 1 Zwiebel
- 125 g rote Paprikaschote
- 1 TL Olivenöl
- 200 g Tomatenmark
- ½ Tasse Gemüsebrühe (Instant)
- Salz
- Chilipulver
- Paprika, edelsüß

Die Nudeln nach Packungsanweisung kochen. Paprika waschen, halbieren, Kerngehäuse entfernen und in Würfel schneiden. Zwiebel pellen und ebenfalls in Würfel schneiden. In der Pfanne im heißen Olivenöl Paprika- und Zwiebelwürfel anbraten und mit der Brühe ablöschen. Das Tomatenmark unterrühren und nochmals kurz aufkochen. Alles mit Salz, Chilipulver und Paprikapulver abschmecken.

Nudeln separat mit der Tomatensauce anrichten.

Einkaufsliste: Nudeln mit scharfer Tomatensauce

- o 1 Pckg. Nudeln
- o 1 Zwiebel
- o 1 rote Paprikaschote
- o Olivenöl (aus dem Vorrat)
- o 1 Tube Tomatenmark
- o Gemüsebrühe (Instant)
- o Salz (aus dem Vorrat)
- o Chilipulver
- o Paprika, edelsüß

Was noch?

- o ____________________
- o ____________________
- o ____________________
- o ____________________
- o ____________________
- o ____________________
- o ____________________
- o ____________________
- o ____________________
- o ____________________
- o ____________________
- o ____________________

Brokkoli-Nudeln mit Pilzen

Zutaten für 2 Personen

- 200 g Nudeln
- 250 g Brokkoli
- 100 g Champignons in Scheiben (Konserve)
- 1 Zwiebel
- 1 TL Öl
- Salz und Pfeffer
- 2 EL Crème légère

Nudeln nach Packungsanweisung zubereiten. Brokkoli waschen und in Röschen zerteilen, dann im kochendem Salzwasser ca. 4 Minuten garen. Champignons abgießen. Zwiebel pellen, würfeln und zusammen mit den Champignons im heißem Öl in der Pfanne anbraten. Mit Salz und Pfeffer würzen. Dann Crème légère hinzufügen, alles gut umrühren und die abgetropften Nudeln unterheben.

Brokkoli abgießen, zerteilen und unter die Nudeln mit den Pilzen mengen.

Einkaufsliste: Brokkoli-Nudeln mit Pilzen

- 1 Pckg. Nudeln (Schmetterlinge)
- 250 g Brokkoli
- 1 Dose Champignons in Scheiben
- 1 Becher Crème légère (150 g)
- 1 Zwiebel
- Öl (aus dem Vorrat)
- Salz, Pfeffer (aus dem Vorrat)

Was noch?

- ___
- ___
- ___
- ___
- ___
- ___
- ___
- ___
- ___
- ___
- ___
- ___

Spaghetti mit Sprotten

Zutaten
für 4 Personen

- 400 g Spaghetti
- 700 g Tomaten
- 1 Zwiebel
- 1 Knoblauchzehe
- 1 Briefchen Safran
- 100 ml Gemüsebrühe (Instant)
- Salz, Pfeffer
- 150 g Sprotten

Spaghetti nach Packungsanweisung zubereiten. Tomaten kurz in kochendem Wasser blanchieren, häuten und würfeln. Zwiebel und Knoblauch pellen, würfeln und in einer beschichteten Pfanne ohne Zugabe von Fett dünsten. Brühe, Tomaten und Safran zugeben, alles ca. 8 Minuten köcheln lassen. Von den Sprotten Kopf und Schwanz entfernen, in Stücke schneiden und in die Sauce geben. Nochmals erhitzen, dann die abgetropften Spaghetti untermischen.

Einkaufsliste: Spaghetti mit Sprotten

- 400 g Spaghetti
- 700 g Tomaten
- 1 Zwiebel
- 1 Knoblauchknolle
- 1 Briefchen Safran
- Gemüsebrühe (Instant)
- Salz, Pfeffer (aus dem Vorrat)
- 150 g Sprotten

Was noch?

- ______________________
- ______________________
- ______________________
- ______________________
- ______________________
- ______________________
- ______________________
- ______________________
- ______________________
- ______________________
- ______________________
- ______________________

Pute in Tomatensauce

Zutaten für 3 Personen

- 300 g Putenbrust
- 1 Paprika
- 2 Zucchini
- 1 Zwiebel
- 1 EL Olivenöl
- 1 große Dose (425 ml) Tomaten
- 1 große Dose (425 ml) Champignons
- Salz, Pfeffer

Fleisch waschen, mit Küchenkrepp trockentupfen und schnetzeln. Paprika waschen, halbieren, das Kerngehäuse entfernen und in Streifen schneiden. Zucchini waschen und in Stücke schneiden. Die Zwiebel pellen und fein würfeln. Die Champignons über einem Sieb abtropfen lassen.

Fleisch mit Salz und Pfeffer würzen und im heißen Olivenöl kräftig anbraten, die Zwiebel mitdünsten. Paprika und Zucchini dazugeben. Alles im geschlossenen Topf ca. 20 Minuten dünsten lassen. Champignons und Tomaten mit Saft dazugeben, alles weiter köcheln lassen, bis die Tomaten zerkocht sind. Nochmals alles mit Salz und Pfeffer abschmecken.

Als Beilage kann Reis oder Ciabatta-Brot gereicht werden.

Einkaufsliste: Pute in Tomatensauce

- o 300 g Putenbrust
- o 1 große Dose (425 ml) Tomaten
- o 1 große Dose (425 ml) Champignons
- o 1 Paprika
- o 2 Zucchini
- o 1 Zwiebel
- o Olivenöl (aus dem Vorrat)
- o Salz, Pfeffer (aus dem Vorrat)

Was noch?

o ______________________________

o ______________________________

o ______________________________

o ______________________________

o ______________________________

o ______________________________

o ______________________________

o ______________________________

o ______________________________

o ______________________________

o ______________________________

o ______________________________

Überbackenes Kasseler

Zutaten für
2 bis 3 Personen

- 500 g mageres Kasselerfleisch
- 200 ml Weißwein, trocken
- 2 EL Öl
- 2 Zwiebeln
- 2 Knoblauchzehen
- 250 g Paprika
- 250 g Porree
- 420 g Champignons (Konserve)
- 1 EL Saucenbinder
- 1 Becher Crème légère (150 g)
- 125 g geriebener, fettarmer Käse

Kasseler in eine Schüssel legen, mit dem Wein übergießen, öfter wenden und ca. 2 Stunden darin ziehen lassen. In 1 EL heißem Öl dann das abgetropfte Kasseler von allen Seiten anbraten, dabei eventuell immer wieder etwas Wasser hinzufügen. In einer separaten Pfanne das restliche Öl erhitzen und die gepellten und gewürfelten Zwiebeln und Knoblauch darin andünsten. Dann die in kleine Streifen geschnittene Paprika und den in Ringe geschnittenen Porree hinzufügen. Zum Schluss die über einem Sieb abgegossenen Champignons unterrühren. Nun den Weinsud aufgießen und das Gemüse darin garen. Zum Schluss 1 Becher Crème légère unterrühren und eventuell mit etwas Saucenbinder das Gemüse binden.

Kasseler in Scheiben schneiden und in eine Auflaufform geben. Das Gemüse darüber verteilen, mit geriebenem Käse bestreuen und im Backofen alles überbacken, bis der Käse knusprig braun ist.

Dazu kann man Kartoffeln oder auch Reis servieren.

Einkaufsliste: Überbackenes Kasseler

- o 500 g Kasseler
- o 1 Flasche Weißwein, trocken
- o Öl (aus dem Vorrat)
- o 2 Zwiebeln
- o 1 Knoblauchknolle
- o 250 g Paprika
- o 250 g Porree
- o 1 Dose (420 g) Champignons
- o Saucenbinder
- o 1 Becher Crème légère (150 g)
- o 1 Tüte geriebener, fettarmer Käse

Was noch?

o ________________________________

o ________________________________

o ________________________________

o ________________________________

o ________________________________

o ________________________________

o ________________________________

o ________________________________

o ________________________________

o ________________________________

o ________________________________

o ________________________________

Tomatengeschnetzeltes

Zutaten für 3 Personen

- 350 g Schweineschnitzel, mager
- 1 EL Olivenöl
- 200 g Tomaten
- 420 g Tomaten (Konserve)
- 75 g fettarmer Schmelzkäse
- Salz, Pfeffer
- Oregano
- Saucenbinder

Schnitzelfleisch waschen, mit Küchenkrepp trockentupfen, in mundgerechte Stücke schneiden und rundherum in 1 EL Olivenöl anbraten. Tomaten waschen, den Stielansatz entfernen und klein schneiden und zusammen mit den Dosentomaten in die Pfanne geben. Den Schmelzkäse dazugeben und schmelzen lassen. Mit den Gewürzen abschmecken und evtl. mit etwas Saucenbinder binden.

Dazu serviert man Reis.

Einkaufsliste: Tomatengeschnetzeltes

- o 350 g Schweineschnitzel, mager
- o Olivenöl (aus dem Vorrat)
- o 200 g Tomaten
- o 1 Dose (420 g) Tomaten
- o 1 Stück fettarmer Schmelzkäse (75 g)
- o Salz, Pfeffer (aus dem Vorrat)
- o Oregano
- o Saucenbinder

Was noch?

- o ____________________
- o ____________________
- o ____________________
- o ____________________
- o ____________________
- o ____________________
- o ____________________
- o ____________________
- o ____________________
- o ____________________
- o ____________________
- o ____________________

Rindfleischgulasch

Zutaten für 4 Personen

- 600 g Zwiebeln
- 2 TL Öl
- 2 TL Essig
- 20 g Paprikapulver, edelsüß
- 600 g mageres Rindfleisch
- 1 Knoblauchzehe
- Salz
- ½ TL Kümmel
- ½ TL Oregano
- 2 EL Tomatenmark
- 1 rote Paprikaschote
- 1 grüne Paprikaschote
- 250 ml Gemüsebrühe (Instant)

Zwiebeln pellen und in Würfel schneiden. In einem Schmortopf Öl erhitzen und die Zwiebelwürfel darin glasig dünsten. Essig in ca. 100 ml Wasser verrühren. Paprikapulver unter die Zwiebelwürfel mischen und mit Essigwasser ablöschen. Alles gut verrühren.

Rindfleisch abspülen, mit Küchenkrepp trockentupfen, mit dem gepellten und gepressten Knoblauch einreiben und in mundgerechte Stücke schneiden. Dann die Fleischstücke in die Pfanne geben, mit Salz, Kümmel, Oregano und Tomatenmark würzen. Zugedeckt bei milder Hitze im eigenen Saft ca. 1 Stunde weich dünsten.

Paprikaschoten waschen, halbieren, vom Kerngehäuse befreien, in Streifen schneiden und unter das Gulasch rühren. Gemüsebrühe aufgießen, alles nochmals gut durchrühren und weitere 10 Minuten köcheln lassen.

Einkaufsliste: Rindfleischgulasch

- o 600 g Zwiebeln
- o 600 g mageres Rindfleisch
- o Öl (aus dem Vorrat)
- o Essig (aus dem Vorrat)
- o Paprikapulver, edelsüß
- o 1 Knoblauchknolle
- o Salz (aus dem Vorrat)
- o Kümmel
- o Oregano
- o 1 Tube Tomatenmark
- o 1 rote Paprikaschote
- o 1 grüne Paprikaschote
- o Gemüsebrühe (Instant)

Was noch?

- o ______________________
- o ______________________
- o ______________________
- o ______________________
- o ______________________
- o ______________________
- o ______________________
- o ______________________
- o ______________________
- o ______________________
- o ______________________
- o ______________________

Putencurry

Zutaten für 4 Personen

- 750 g mageres Schweinefleisch
- 3 Zwiebeln
- 1 kl. Dose Erbsen, abgetropft
- 1 kl. Dose Pilze, abgetropft
- 1 kl. Dose Ananasstücke, abgetropft
- ¼ l fettarme Milch
- 50 ml Crème légère
- 100 ml Currysauce
- 50 ml Chilisauce
- Salz, Pfeffer

Fleisch waschen, mit Küchenkrepp trockentupfen und in mundgerechte Stücke schneiden. In einen Schmortopf geben und mit Salz und Pfeffer würzen. Zwiebeln pellen und in Würfel schneiden. Die Zwiebeln zusammen mit den abgetropften Erbsen, Pilzen und Annanas über das Fleisch geben. Alles gut umrühren. Milch, Crème légère, Curry- und Chilisauce miteinander verquirlen und in den Topf geben.

Den Topf abdecken und über Nacht durchziehen lassen. Am nächsten Tag im vorgeheizten Backofen bei 180 °C ca. anderthalb bis 2 Stunden garen.

Dazu kann man Baguette oder Reis reichen.

Einkaufsliste: Putencurry

- o 750 g mageres Schweinefleisch
- o Salz, Pfeffer (aus dem Vorrat)
- o 3 Zwiebeln
- o 1 kl. Dose Ananasstücke
- o 1 kl. Dose Erbsen
- o 1 kl. Dose Pilze
- o ½ l fettarme Milch
- o 1 Becher Crème légère
- o 1 Flasche Currysauce
- o 1 Flasche Chilisauce

Was noch?

- o ______
- o ______
- o ______
- o ______
- o ______
- o ______
- o ______
- o ______
- o ______
- o ______
- o ______
- o ______

Fruchtiges Schweinefilet

Zutaten für 4 Personen

- 240 g Vollkornreis
- 200 g Schweinefilet
- Salz, Pfeffer
- 2 EL Maiskeimöl
- 4 Scheiben Ananas (Konserve)
- 4 kleine Tomaten
- 4 kleine Bananen
- Curry
- 4 EL Rosinen
- 120 g Crème légère

Reis nach Packungsanweisung zubereiten. Filet waschen, mit Küchenkrepp trockentupfen, in Scheiben schneiden, würzen und von beiden Seiten im heißen Maiskeimöl braten. Dann aus der Pfanne nehmen und warm stellen.

Ananasscheiben abtropfen lassen und würfeln, Bananen schälen und in Scheiben schneiden, Tomaten kurz im heißen Wasser blanchieren, enthäuten, den Stielansatz entfernen und in Würfel schneiden. Ananaswürfel, Bananenscheiben und Tomatenwürfel im Bratenfett kurz anbraten, mit Curry würzen, anschließend die Rosinen hinzugeben. Nochmals alles kurz aufwärmen und mit Crème légère binden.

Den gekochten Reis auf einem Teller anrichten, die Filetscheiben dazulegen und die Fruchtsauce um das Fleisch verteilen.

Einkaufsliste: Fruchtiges Schweinefilet

- o 1 Pckg. Vollkornreis
- o 200 g Schweinefilet
- o 1 Büchse Ananas in Scheiben
- o Salz, Pfeffer (aus dem Vorrat)
- o 1 Flasche Maiskeimöl
- o 4 kleine Tomaten
- o 4 kleine Bananen
- o Curry
- o 1 Tüte Rosinen
- o 1 Becher Crème légère (150 g)

Was noch?

- o ____________________
- o ____________________
- o ____________________
- o ____________________
- o ____________________
- o ____________________
- o ____________________
- o ____________________
- o ____________________
- o ____________________
- o ____________________
- o ____________________

Zwiebelbraten

Zutaten
für 1 Person

- 150 g Rinderfilet
- Salz, Pfeffer
- 1 TL Olivenöl
- 1 Zwiebel
- 1 EL Rotwein
- dunkler Saucenbinder

Rindfleisch waschen, mit Küchenkrepp trockentupfen, salzen und pfeffern und im heißen Olivenöl scharf anbraten. Zwiebel pellen und achteln, zum Fleisch hinzufügen und mitbraten, bis alles schön braun ist. Dann mit dem Rotwein und etwas Wasser ablöschen. Die Sauce mit Saucenbinder binden.

Dazu serviert man Reis.

Einkaufsliste: Zwiebelbraten

- 150 g Rinderfilet
- Salz, Pfeffer (aus dem Vorrat)
- Olivenöl (aus dem Vorrat)
- 1 Pckg. dunkler Saucenbinder
- 1 Zwiebel
- Rotwein

Was noch?

- ____________________
- ____________________
- ____________________
- ____________________
- ____________________
- ____________________
- ____________________
- ____________________
- ____________________
- ____________________
- ____________________
- ____________________

Krustenbraten

Zutaten für 4 Personen

- 1 Zwiebel
- 1 Knoblauchzehe
- 80 ml Milch (1,5 %)
- 1 Ei
- 80 g grobes Semmelmehl
- 1 Pckg. italienische Kräuter (TK)
- Rosmarin
- Salz, Pfeffer
- 4 Scheiben Schweinefilet
- 1 EL Senf
- 2 EL geriebener Parmesan

Backofen auf 180 °C vorheizen. Zwiebel und Knoblauchzehe pellen und in sehr feine Würfel hacken. Für die Kruste die Milch mit dem Ei verquirlen, Semmelmehl unterrühren, die Kräuter, Zwiebel- und Knoblauchwürfel hinzufügen und alles gut vermengen. Zum Schluss mit Salz und Pfeffer abschmecken und alles ca. 15 Minuten ziehen lassen.

Die Schweinefilet waschen, mit Küchenkrepp trockentupfen und ein wenig klopfen. Dann mit Salz, Pfeffer und Rosmarin würzen und in einer beschichteten Pfanne ohne Zugabe von Fett beidseitig ca. 3 bis 4 Minuten braten. Auf ein mit Backfolie ausgelegtes Backblech nun die Filetscheiben legen, mit Senf bestreichen, anschließend die Kräutermasse darauf verteilen und mit Parmesan bestreuen. Im vorgeheizten Backofen ca. 5 bis 8 Minuten goldbraun überbacken.

Einkaufsliste: Krustenbraten

- o 1 Zwiebel
- o 1 Knoblauchknolle
- o ½ l Milch (1,5 % Fett)
- o 1 Ei
- o 1 Pckg. Semmelmehl
- o 1 Pckg. italienische Kräuter (TK)
- o Rosmarin
- o Salz, Pfeffer (aus dem Vorrat)
- o 4 Scheiben Schweinefilet
- o 1 Glas Senf
- o 2 kleine Tüte geriebener Parmesan

Was noch?

- o ______________________
- o ______________________
- o ______________________
- o ______________________
- o ______________________
- o ______________________
- o ______________________
- o ______________________
- o ______________________
- o ______________________
- o ______________________
- o ______________________

Lauchgulasch

Zutaten
für 2 Personen

- 250 g mageres Schweinefleisch
- 2 Zwiebeln
- 200 g Porree
- 35 g Tomatenmark
- 4 EL Weißwein, trocken
- 125 ml klare Fleischsuppe (Instant)
- 1 TL Paprikapulver, edelsüß
- Salz, Pfeffer

Das Fleisch abspülen, mit Küchenkrepp trockentupfen und in mundgerechte Stücke schneiden. Zwiebeln pellen und vierteln. Porree putzen, waschen und in Ringe schneiden.

Das Schweinefleisch im heißen Öl in einem Schmortopf anbraten, aus dem Topf nehmen und beiseite stellen. Nun Zwiebeln und Porree in das Bratfett geben und alles anschmoren. Tomatenmark, Weißwein und Fleischsuppe dazugeben und mit Salz, Pfeffer und Paprika würzen. Dann das Fleisch wieder dazugeben und im geschlossenen Topf ca. 45 Minuten schmoren lassen. Zwischendurch öfter umrühren und eventuell ein wenig Wasser nachgießen, wenn zu wenig Flüssigkeit vorhanden sein sollte.

Einkaufsliste: Lauchgulasch

- 250 g mageres Schweinefleisch
- 2 Zwiebeln
- 200 g Porree
- 1 Tube Tomatenmark
- Weißwein, trocken (aus dem Vorrat)
- klare Fleischsuppe (Instant)
- Paprikapulver, edelsüß
- Salz, Pfeffer (aus dem Vorrat)

Was noch?

- ______
- ______
- ______
- ______
- ______
- ______
- ______
- ______
- ______
- ______
- ______
- ______

Feuriges Putenbrust-Schnitzel

Zutaten für 1 Person

- 150 g Putenbrust
- 100 g Gemüsepaprika (Konserve)
- ½ Knoblauchzehe
- Saucenbinder
- etwas Chilisauce (nach Geschmack)

Fleisch waschen, mit Küchenkrepp trockentupfen und in einer beschichteten Pfanne ohne Zugabe von Fett anbraten.

Gemüsepaprika über einem Sieb abtropfen lassen und in die Pfanne zu dem Fleisch geben. Kurz aufkochen lassen und mit dem Saucenbinder die Sauce andicken. Die gepellte und gepresste Knoblauchzehe einrühren und mit etwas Chilisauce abschmecken.

Das Fleisch in der Sauce ca. 10 bis 12 Minuten bei wenig Hitze köcheln lassen. Dazu wird Reis serviert.

Einkaufsliste: Feuriges Putenbrust-Schnitzel

- o 150 g Putenbrust
- o 1 Glas Gemüsepaprika
- o 1 Knoblauchknolle
- o Saucenbinder
- o Chilisauce

Was noch?

o ______________________

o ______________________

o ______________________

o ______________________

o ______________________

o ______________________

o ______________________

o ______________________

o ______________________

o ______________________

o ______________________

o ______________________

Schweinegeschnetzeltes mit Curry

Zutaten für 4 Personen

- 750 g mageres Schweinefleisch
- 3 Zwiebeln
- 2 Äpfel
- 1 Knoblauchzehe
- 1 TL Öl
- 1 TL Curry
- Salz, Pfeffer
- 1 Becher Crème légère

Schweinefleisch abspülen, mit Küchenkrepp trockentupfen und in Streifen schneiden. Zwiebeln pellen und würfeln. Äpfel schälen, vierteln, entkernen und grob hacken. Knoblauch pellen und pressen.

In einem Schmortopf das Öl erhitzen, das Fleisch darin kräftig anbraten, dann Zwiebelwürfel, Apfelstücke und gepressten Knoblauch hinzufügen, alles mit Salz, Pfeffer und Curry würzen und zugedeckt ca. 40 Minuten schmoren lassen. Dabei immer wieder umrühren.

Zum Schluss alles mit einem Becher Crème légère binden.

Einkaufsliste: Schweinegeschnetzeltes mit Curry

- o 750 g mageres Schweinefleisch
- o 3 Zwiebeln
- o 2 Äpfel
- o 1 Knoblauchknolle
- o Öl (aus dem Vorrat)
- o Curry
- o Salz, Pfeffer (aus dem Vorrat)
- o 1 Becher Crème légère (150 g)

Was noch?

- o __________
- o __________
- o __________
- o __________
- o __________
- o __________
- o __________
- o __________
- o __________
- o __________
- o __________
- o __________

Szegediner Gulasch

Zutaten
für 2 Personen

- 250 g mageres Schweinefleisch
- 1 Zwiebel
- 1 Knoblauchzehe
- 1 kleine rote Paprika
- 1 kleine grüne Paprika
- 1 EL Olivenöl
- Salz, Pfeffer
- ¼ l Fleischbrühe (Instant)
- 200 g Sauerkraut
- 1 EL Paprikapulver, edelsüß
- 1 Prise Kümmelpulver
- 2 EL Crème légère

Das Schweinefleisch abspülen, mit Küchenkrepp trockentupfen und in mundgerechte Stücke schneiden. Zwiebel und Knoblauch pellen und fein hacken. Die Paprikaschoten waschen, trockenreiben, halbieren, das Kerngehäuse entfernen und in Streifen schneiden.

In einem Schmortopf das Öl erhitzen und darin die Fleischwürfel von allen Seiten anbraten. Dann die gehackte Zwiebel und Knoblauch hinzufügen, alles salzen und pfeffern und gut umrühren. Nun die Paprikastreifen in den Topf geben und mit der Brühe ablöschen. Das Sauerkraut zerpflücken und dazugeben. Alles mit Paprika, Kümmelpulver, Salz und Pfeffer würzen.

Zugedeckt etwa 40 Minuten schmoren lassen, dabei ab und zu umrühren. Vor dem Servieren 2 EL Crème légère unterziehen.

Einkaufsliste: Szegediner Gulasch

- o 250 g mageres Schweinefleisch
- o 1 Zwiebel
- o 1 Knoblauchknolle
- o 1 kleine rote Paprika
- o 1 kleine grüne Paprika
- o Olivenöl (aus dem Vorrat)
- o Salz, Pfeffer (aus dem Vorrat)
- o Fleischbrühe (Instant)
- o 200 g Sauerkraut
- o Paprikapulver, edelsüß
- o Kümmelpulver
- o 1 Becher Crème légère (150 g)

Was noch?

- o ____________________
- o ____________________
- o ____________________
- o ____________________
- o ____________________
- o ____________________
- o ____________________
- o ____________________
- o ____________________
- o ____________________
- o ____________________
- o ____________________

Lammspieße mit Minzsauce

Zutaten
für 4 Personen

- 1 Zwiebel
- 3 Knoblauchzehen
- 3 Zweige Minze
- 3 EL Olivenöl
- 200 g Jogurt
- 2 TL Speisestärke
- ½ TL getrockneter Rosmarin
- 250 g Kirschtomaten
- Salz, Pfeffer
- 600 g ausgelöster Lammrücken
- Ananasstücke
- 12 Holzspieße

Zwiebel und Knoblauch pellen und würfeln. Minze waschen und hacken. Zwiebel und die Hälfte des Knoblauchs in einem Esslöffel heißem Öl andünsten. Jogurt und Stärke miteinander glatt rühren und damit die Knoblauch-Zwiebel-Mischung ablöschen. Nun die Minze und Rosmarin zugeben, alles aufkochen, vom Herd nehmen und warm stellen.

Tomaten abspülen und mit Küchenkrepp trockenreiben. Fleisch waschen, trockentupfen und in mundgerechte Stücke schneiden. Tomaten, Fleisch und Ananas abwechselnd auf ca. 12 Holzspieße stecken. Das restliche Öl in einer großen Pfanne erhitzen und die Spieße darin von allen Seiten ca. 8 bis 10 Minuten braten, dabei mit Salz und Pfeffer würzen. Zusammen mit der warmen Sauce servieren.

Einkaufsliste: Lammspieße mit Minzsauce

- o 1 Zwiebel
- o 1 Knoblauchknolle
- o 3 Zweige Minze
- o Olivenöl (aus dem Vorrat)
- o 200 g Jogurt
- o 1 Pckg. Speisestärke
- o getrockneter Rosmarin
- o 250 g Kirschtomaten
- o Salz, Pfeffer (aus dem Vorrat)
- o 600 ausgelöster Lammrücken
- o 1 Dose Ananasstücke
- o 1 Packung Holzspieße

Was noch?

- o ____________________
- o ____________________
- o ____________________
- o ____________________
- o ____________________
- o ____________________
- o ____________________
- o ____________________
- o ____________________
- o ____________________
- o ____________________
- o ____________________

Majoran-Leber mit Apfel

Zutaten für 4 Personen

- 1 Bund Lauchzwiebeln
- 2 säuerliche Äpfel
- 600 g Geflügelleber
- 2 EL Öl
- Salz, Pfeffer
- 100 ml ungesüßter Apfelsaft
- 1 TL getrockneter Majoran
- Petersilie zum Garnieren

Lauchzwiebeln putzen, waschen und in kleine Ringe schneiden. Äpfel waschen, schälen, vierteln, das Kerngehäuse entfernen und die Viertel anschließend in Spalten schneiden.

Leber abspülen, mit Küchenkrepp trockentupfen und in kleine Stücke schneiden. In einer Pfanne das Öl erhitzen und darin die Leber von allen Seiten ca. 5 Minuten braten. Dann die Lauchzwiebeln und Äpfel zur Leber geben, kurz andünsten und mit Salz, Pfeffer und Majoran würzen. Mit dem Apfelsaft alles löschen und zugedeckt ca. 5 Minuten schmoren lassen. Vor dem Servieren mit gehackter Petersilie bestreuen.

Einkaufsliste: Majoran-Leber mit Apfel

- o 1 Bund Lauchzwiebeln
- o 2 säuerliche Äpfel
- o 600 g Geflügelleber
- o Öl (aus dem Vorrat)
- o Salz, Pfeffer (aus dem Vorrat)
- o 1 Flasche ungesüßter Apfelsaft
- o getrockneter Majoran
- o 1 Bund Petersilie

Was noch?

- o ____________________
- o ____________________
- o ____________________
- o ____________________
- o ____________________
- o ____________________
- o ____________________
- o ____________________
- o ____________________
- o ____________________
- o ____________________
- o ____________________

Rouladen in Steinpilzsauce

Zutaten für 4 Personen

- 20 g getrocknete Steinpilze
- ¼ l Wasser
- 2 Zwiebeln
- 2 Gewürzgurken
- 2 Möhren
- 4 dünne Rinderrouladen (à 120 g)
- 4 TL Senf
- 1 EL Olivenöl
- 500 g Champignons
- 2 EL Crème légère
- 20 g Mehl
- Salz, Pfeffer

Steinpilze im heißen Wasser einweichen. Zwiebeln pellen und in dünne Ringe schneiden. Möhren schälen und in Scheiben schneiden. Die Gurken in dünne Scheiben schneiden. Rouladen abspülen, mit Küchenkrepp trockentupfen und mit Salz und Pfeffer würzen. Dann mit je 1 Teelöffel Senf bestreichen und mit Zwiebelringen, Gurken- und Möhrenscheiben belegen. Die Rouladen aufrollen und mit Rouladennadeln zusammenstecken oder mit Zwirn umwickeln. In einem Schmortopf im heißen Öl ringsum anbraten, dann die Steinpilze mit der Flüssigkeit dazugeben und zugedeckt ca. 60 Minuten bei mittlerer Hitze schmoren.

Champignons putzen, waschen, abtropfen lassen und in Scheiben schneiden. Ca. eine Viertelstunde vor Beendigung der Schmorzeit die Champignons zu den Rouladen in den Topf geben. Crème légère mit etwas kaltem Wasser verrühren und mit dem Mehl verquirlen, anschließend die Sauce damit binden. Alles nochmals aufkochen, mit Salz und Pfeffer abschmecken und ca. 5 Minuten bei wenig Hitze köcheln lassen.

Dazu passen Kartoffeln.

Einkaufsliste: Rouladen in Steinpilzsauce

- o 20 g getrocknete Steinpilze
- o 4 dünne Rinderrouladen (à 120 g)
- o 1 Glas mittelscharfer Senf
- o 2 Zwiebeln
- o 1 kleines Glas Gewürzgurken
- o 2 Möhren
- o Olivenöl (aus dem Vorrat)
- o 500 g Champignons
- o 1 Becher Crème légère (150 g)
- o Mehl (aus dem Vorrat)
- o Pfeffer, Salz (aus dem Vorrat)

Was noch?

- o ______
- o ______
- o ______
- o ______
- o ______
- o ______
- o ______
- o ______
- o ______
- o ______
- o ______
- o ______

Kohlrouladen

Zutaten für 3 Personen

- 400 g Wirsingkohl
- 250 g Rindergehacktes
- 1 Zwiebel
- 1 Ei
- 1 EL Paniermehl
- Worcestersauce
- Salz, Pfeffer
- 1 EL Öl
- ¼ l Brühe (Instant)
- 1 ½ TL Saucenbinder

Den Strunk vom Wirsingkohl keilförmig mit einem scharfen Messer herausschneiden. In einem großen Kochtopf Salzwasser erhitzen und den Kohl so lange darin dünsten, bis sich die äußeren Blätter leicht lösen lassen. Dann den Kohl aus dem Wasser nehmen und die äußeren großen Blätter ablösen. Das Rindergehackte mit der gepellten und gewürfelten Zwiebel, Ei, Paniermehl, Worcestersauce, Pfeffer und Salz würzen und zu einem geschmeidigen Teig verarbeiten. Nun die losen Blätter mit der Hackfleischmasse füllen, aufrollen und mit Zwirnfaden umwickeln. In einem großen Schmortopf das Öl erhitzen und die Rouladen darin kurz von allen Seiten anbraten. Mit der Hälfte der Brühe alles ablöschen, dabei mit einem Holzlöffel den Bratensatz lösen. Den restlichen Kohl klein schneiden und in die Brühe geben. Die Kohlrouladen ca. 40 bis 50 Minuten bei wenig Hitze schmoren.

Gegen Ende der Schmorzeit die restliche Brühe aufgießen, mit Saucenbinder andicken und evtl. mit Salz und Pfeffer nachwürzen.

Einkaufsliste: Kohlrouladen

- o Ca. 400 g Wirsingkohl
- o 250 g Rindergehacktes
- o 1 Zwiebel
- o 1 Ei
- o 1 Pckg. Paniermehl
- o 1 Flasche Worcester-sauce
- o Salz, Pfeffer (aus dem Vorrat)
- o Öl (aus dem Vorrat)
- o Brühe (Instant)
- o 1 Pckg. Saucenbinder

Was noch?

- o ______
- o ______
- o ______
- o ______
- o ______
- o ______
- o ______
- o ______
- o ______
- o ______
- o ______
- o ______

Hähnchenfilet zu süßsaurem Gemüse

**Zutaten
für 4 Personen**

- 4 Hähnchenfilets
- 4 kleine Tomaten
- 4 kleine Zwiebeln
- 1 ½ EL Olivenöl
- 2 Knoblauchzehen
- Salz, Pfeffer
- 2 EL Essig
- einige Spritzer Süßstoff
- je 1 Zweig Basilikum, Petersilie und Thymian

Tomaten waschen, Stielansatz ausschneiden und halbieren. Zwiebeln pellen und halbieren. Fleisch abspülen und mit Küchenkrepp trockentupfen. Das Fleisch in heißem Öl braten. Knoblauch pellen und nach der Hälfte der Zeit in das Bratenfett pressen. Das Fleisch mit Salz und Pfeffer würzen, herausnehmen und warm stellen. Die Zwiebeln in das Bratenfett geben und goldbraun braten, anschließend die Tomaten dazugeben und kurz andünsten. Mit Essig ablöschen und kurz aufkochen. Mit einigen Spritzern Süßstoff sowie mit Salz und Pfeffer abschmecken.

Die Hähnchenfilets mit dem Gemüse anrichten. Mit einigen abgezupften Blättern der Kräuter garnieren.

Einkaufsliste: Hähnchenfilet zu süßsaurem Gemüse

- o 4 Hähnchenfilets
- o 4 kleine Tomaten
- o 4 kleine Zwiebeln
- o Olivenöl (aus dem Vorrat)
- o 1 Knoblauchknolle
- o Essig (aus dem Vorrat)
- o je 1 Zweig Basilikum, Petersilie und Thymian
- o Salz, Pfeffer (aus dem Vorrat)

Was noch?

- o ______
- o ______
- o ______
- o ______
- o ______
- o ______
- o ______
- o ______
- o ______
- o ______
- o ______
- o ______

Hackfleischeintopf

Zutaten für 4 Personen

- 500 g Hackfleisch halb und halb
- 2 Zwiebeln
- Salz, Pfeffer
- 250 ml klare Gemüsebrühe (Instant)
- 1 kg Kartoffeln
- 100 g Tomatenmark
- Petersilie

Hackfleisch ohne weitere Zugabe von Fett in einem beschichteten Topf anbraten. Zwiebeln pellen, würfeln und zu dem Hackfleisch geben und weiter anbraten. Danach Hackfleisch in ein Sieb schütten, damit das Fett abtropfen kann. Anschließend kommt alles wieder zurück in den Topf. Alles mit Salz und etwas Pfeffer würzen, nochmals erhitzen, anschließend mit der Brühe ablöschen und 15 Minuten dünsten.

In der Zwischenzeit Kartoffeln schälen, in kleine Würfel schneiden und in den Hackfleischtopf geben. Tomatenmark unterrühren und weitere 15 Minuten dünsten lassen.

Petersilie waschen, trockenschütteln und hacken. Hackfleischeintopf auf die Teller verteilen und mit Petersilie bestreut servieren.

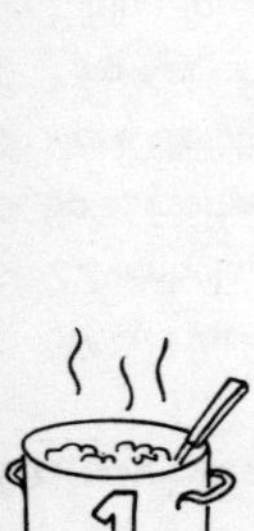

Einkaufsliste: Hackfleischeintopf

- o 500 g Hackfleisch halb und halb
- o 2 Zwiebeln
- o Salz, Pfeffer (aus dem Vorrat)
- o klare Gemüsebrühe (Instant)
- o 1 kg Kartoffeln
- o 1 Tube Tomatenmark
- o 1 Bund Petersilie

Was noch?

- o ______________________
- o ______________________
- o ______________________
- o ______________________
- o ______________________
- o ______________________
- o ______________________
- o ______________________
- o ______________________
- o ______________________
- o ______________________
- o ______________________

Porreeeintopf mit Karotten

Zutaten
für 3 Personen

- 200 g Kartoffeln
- 200 g Karotten
- 200 g Porree
- 100 g Tomaten
- 1 EL Liebstöckelblätter
- 250 ml klare Gemüsebrühe
- Salz, Pfeffer

Kartoffeln schälen, waschen und in Würfel schneiden. Karotten schälen und in Scheiben schneiden. Kartoffeln und Karotten mit ca. 120 ml Wasser in einen Topf geben. Im geschlossenen Topf das Gemüse ca. 10 Minuten kochen. Inzwischen den Porree in Ringe schneiden, waschen und dann zu den Kartoffeln und Karotten geben. Tomaten waschen und in Würfel schneiden. Liebstöckelblätter klein schneiden und alles in den Eintopf geben. Mit der Brühe auffüllen und alles köcheln lassen, bis das Gemüse gar ist. Mit Pfeffer und Salz nachwürzen.

Einkaufsliste: Porreeeintopf mit Karotten

- 200 g Kartoffeln
- 200 g Karotten
- 200 g Porree
- 100 g Tomaten
- klare Gemüsebrühe (Instant)
- frischer Liebstöckel
- Salz, Pfeffer (aus dem Vorrat)

Was noch?

- ____________________
- ____________________
- ____________________
- ____________________
- ____________________
- ____________________
- ____________________
- ____________________
- ____________________
- ____________________
- ____________________
- ____________________

Gemüseeintopf

Zutaten für 4 Personen

- 450 g Auberginen
- 500 g Zucchini
- 250 g Sellerie
- 1 grüne Gurke
- 1 Zwiebel
- 500 g Rinderhackfleisch
- 1 EL Olivenöl
- Cayennepfeffer
- 125 ml Gemüsebrühe (Instant)
- 3 Knoblauchzehen
- 420 g Tomaten (Konserve)
- Salz
- Thymian
- Majoran

Auberginen und Zucchini waschen, längs halbieren und in Scheiben schneiden. Sellerie putzen und in Scheiben schneiden. Gurke waschen, halbieren, entkernen und in Stücke schneiden. Zwiebel pellen und achteln.

Hackfleisch im heißen Öl in einem Topf anbraten, salzen und kräftig mit dem Cayennepfeffer würzen. Knoblauch pellen und dazupressen. Alles mit der Brühe ablöschen.

Das gesamte Gemüse mit den Tomaten zugeben und 40 Minuten bei geringer Hitze köcheln lassen, dabei immer wieder umrühren. Zum Schluss mit Thymian und Majoran abschmecken.

Einkaufsliste: Gemüseeintopf

- 450 g Auberginen
- 500 g Zucchini
- 250 g Sellerie
- 1 grüne Gurke
- 1 Zwiebel
- 500 g Rinderhackfleisch
- Olivenöl (aus dem Vorrat)
- Salz (aus dem Vorrat)
- Cayennepfeffer
- Gemüsebrühe (Instant)
- 1 Knoblauchknolle
- 1 große Büchse Tomaten
- Thymian
- Majoran

Was noch?

- ____________________
- ____________________
- ____________________
- ____________________
- ____________________
- ____________________
- ____________________
- ____________________
- ____________________
- ____________________
- ____________________
- ____________________

Kartoffeleintopf mit Erbsen

**Zutaten
für 4 Personen**

- 1 kg Kartoffeln
- 1 El Olivenöl
- ⅛ l Brühe (Instant)
- ⅛ l trockener Weißwein
- 300 g Erbsen (TK)
- 150 g Crème légère
- 1 EL geriebener Meerrettich (Konserve)
- Salz, weißer Pfeffer

Kartoffeln schälen, waschen und klein würfeln. Das Öl in einem Topf erhitzen und die Kartoffeln darin kurz anbraten. Mit der Brühe und dem Wein ablöschen. Die Kartoffeln zugedeckt bei mittlerer Hitze in etwa 15 Minuten garen. Dann die Erbsen zu den Kartoffeln geben. Crème légère und Meerrettich unterrühren. Den Eintopf mit Salz und Pfeffer abschmecken. Alles noch kurze Zeit köcheln lassen, bis die Erbsen gar sind.

Einkaufsliste: Kartoffeleintopf mit Erbsen

- ○ 1 kg Kartoffeln
- ○ Olivenöl (aus dem Vorrat)
- ○ Brühe (Instant)
- ○ 1 Flasche trockener Weißwein
- ○ 300 g Erbsen (TK)
- ○ 1 Becher Crème légère (150 g)
- ○ 1 kleines Glas geriebener Meerrettich
- ○ Salz, weißer Pfeffer (aus dem Vorrat)

Was noch?

- ○ ________________
- ○ ________________
- ○ ________________
- ○ ________________
- ○ ________________
- ○ ________________
- ○ ________________
- ○ ________________
- ○ ________________
- ○ ________________
- ○ ________________
- ○ ________________

Reiseintopf

Zutaten für 3 Personen

- 1 Zwiebel
- 1 Knoblauchzehe
- 2 EL Olivenöl
- 75 g Basmatireis
- 150 ml Gemüsebrühe (Instant)
- 375 g Putenfleisch
- Salz, Pfeffer
- 1 EL Sojasauce
- 375 ml Tomatensaft
- 100 g Gemüsemais (Konserve)
- 100 g Champignons (Konserve)
- 100 g Tomatenpaprika (Konserve)
- Tabasco
- gemahlener Koriander

Zwiebel und Knoblauchzehe pellen, in feine Würfel schneiden und in einem Esslöffel Olivenöl andünsten. Dann den Reis hinzugeben, kurz mit andünsten und mit der Brühe ablöschen. Alles zum Kochen bringen und den Reis ca. 20 Minuten garen.

Das Putenfleisch abspülen, mit Küchenkrepp trockentupfen und in mundgerechte Stücke schneiden. In einem separaten Topf das restliche Öl erhitzen, das Putenfleisch darin anbraten und mit Salz, Pfeffer und Sojasauce würzen. Mit dem Tomatensaft alles ablöschen.

Mais, Champignons und Tomatenpaprika über einem Sieb abtropfen lassen und dem Putenfleisch hinzufügen. Alles aufkochen und ca. 8 Minuten garen. Mit Salz, Pfeffer, Koriander und ein paar Spritzern Tabasco würzen. Dann den Reis in den Eintopf geben und nochmals abschmecken.

Einkaufsliste: Reiseintopf

- o 1 Zwiebel
- o 1 Knoblauchknolle
- o Olivenöl (aus dem Vorrat)
- o 1 Pckg. Basmatireis
- o Gemüsebrühe (Instant)
- o 375 g Putenfleisch
- o Sojasauce
- o 1 Flasche (375 ml) Tomatensaft
- o 1 kleine Dose Gemüsemais
- o 1 kleine Dose Champignons
- o 1 kleines Glas Tomatenpaprika
- o Tabasco
- o gemahlener Koriander
- o Salz, Pfeffer (aus dem Vorrat)

Was noch?

- o ______________________
- o ______________________
- o ______________________
- o ______________________
- o ______________________
- o ______________________
- o ______________________
- o ______________________
- o ______________________
- o ______________________
- o ______________________
- o ______________________

Grünkerneintopf

Zutaten
für 2 Personen

- 1 Zwiebel
- 1 EL Sonnenblumenöl
- 75 g Grünkern
- 750 ml Wasser
- 3 EL gekörnte Gemüsebrühe (Instant)
- ½ Kohlrabi
- 2 Möhren
- ½ Stange Lauch
- 1 EL Petersilie

Zwiebel pellen und in kleine Würfel schneiden. In einem Topf das Öl heiß werden lassen und die Zwiebel darin glasig dünsten. Grünkern zugeben und unter Rühren kurze Zeit mitdünsten. Mit dem Wasser alles ablöschen, zum Kochen bringen und die Gemüsebrühe darin auflösen. Zugedeckt ca. 60 Minuten mit wenig Hitze alles köcheln lassen, anschließend mit dem elektrischen Pürierstab pürieren.

Kohlrabi und Möhren putzen, waschen, schälen und in Streifen bzw. Scheiben schneiden. Lauch putzen, waschen und in Ringe schneiden. Das Gemüse in die Suppe geben, alles wieder erhitzen und köcheln lassen, bis es gar ist. Auf Tellern anrichten und mit der gehackten Petersilie bestreuen.

Einkaufsliste: Grünkerneintopf

- o 1 Zwiebel
- o 1 Flasche Sonnenblumenöl
- o 75 g Grünkern
- o gekörnte Gemüsebrühe (Instant)
- o 1 Kohlrabi
- o 2 Möhren
- o 1 Stange Lauch
- o 1 Bund Petersilie

Was noch?

- o ______________________
- o ______________________
- o ______________________
- o ______________________
- o ______________________
- o ______________________
- o ______________________
- o ______________________
- o ______________________
- o ______________________
- o ______________________
- o ______________________

Weiße Bohnen mit Hähnchenfilet

**Zutaten
für 2 Personen**

- 250 g Hähnchenfilet
- 1 rote Paprikaschote
- 1 grüne Paprikaschote
- 3 kleine Kartoffeln
- 1 Apfel
- 1 EL Öl
- Salz, Cayennepfeffer
- etwas Curry
- 1 Prise Zucker
- 125 ml Weißwein, trocken
- 1 kleine Dose weiße Bohnen in Tomatensauce
- ½ Bund Schnittlauch

Hähnchenfilet waschen, mit Küchenkrepp trockentupfen und schnetzeln. Paprika waschen, halbieren, das Kerngehäuse entfernen und in Streifen schneiden. Kartoffeln schälen und in Würfel schneiden. Apfel schälen, vierteln, das Kerngehäuse entfernen und in Spalten schneiden.

In einem Topf das Öl erhitzen und das Putenfleisch darin kräftig anbraten. Paprika, Kartoffeln und Apfelstücke zufügen und kurz mit anbraten. Alles mit Salz, Cayennepfeffer, Curry und Zucker würzen und mit dem Wein und ⅛ Liter Wasser ablöschen. Aufkochen lassen und ca. 15 Minuten garen, nochmals abschmecken. Nun die Bohnen zufügen und unter Umrühren alles nochmals erhitzen.

In Suppenteller füllen und mit Schnittlauchröllchen bestreuen.

Einkaufsliste: Weiße Bohnen mit Hähnchenfilet

- 250 g Hähnchenfilet
- 1 rote Paprikaschote
- 1 grüne Paprikaschote
- 3 kleine Kartoffeln
- 1 Apfel
- Salz (aus dem Vorrat)
- Cayennepfeffer
- Curry
- Zucker (aus dem Vorrat)
- 1 Flasche Weißwein, trocken
- 1 kleine Dose weiße Bohnen in Tomaten-sauce
- 1 Bund Schnittlauch
- Öl (aus dem Vorrat)

Was noch?

- ____________________
- ____________________
- ____________________
- ____________________
- ____________________
- ____________________
- ____________________
- ____________________
- ____________________
- ____________________
- ____________________
- ____________________

Bohnen-Eintopf mit Putenfleisch

Zutaten für 2 Personen

- 100 g Zwiebeln
- 250 g Putenbrust
- 1 TL Chilipulver
- ¼ l Gemüsebrühe (Instant)
- 125 g Zuckermais (Konserve)
- 125 g weiße Bohnen (Konserve)
- 30 g Crème légère
- 3 Kartoffeln
- Salz

In einer beschichteten Pfanne ohne Zugabe von Fett die gepellten und in Würfel geschnittenen Zwiebeln anbraten. Das Putenfleisch abspülen, mit Küchenkrepp trockentupfen, in kleine Würfel scheiden und kurz braten. Alles mit Chili würzen und mit der Gemüsebrühe ablöschen. Bei wenig Hitze zugedeckt ca. 10 Minuten köcheln lassen, dann Mais und Bohnen dazugeben, kurz weiterdünsten und mit Crème légère binden. Kartoffeln schälen, vierteln, in Salzwasser garen und dem Eintopf zufügen.

Einkaufsliste: Bohnen-Eintopf mit Putenfleisch

- o 100 g Zwiebeln
- o 250 g Putenbrust
- o 1 kleine Büchse Zuckermais
- o 1 kleine Büchse weiße Bohnen
- o 1 Becher Crème légère (150 g)
- o Chilipulver
- o Gemüsebrühe (Instant)
- o 3 Kartoffeln
- o Salz (aus dem Vorrat)

Was noch?

- o ______________________
- o ______________________
- o ______________________
- o ______________________
- o ______________________
- o ______________________
- o ______________________
- o ______________________
- o ______________________
- o ______________________
- o ______________________
- o ______________________

Ungarischer Eintopf

Zutaten für 2 bis 3 Personen

- 1 Zwiebel
- 200 g mageres Schweineschnitzel
- ½ EL Olivenöl
- 125 ml Gemüsebrühe (Instant)
- 300 g rote Paprikaschoten
- 3 Kartoffeln
- 200 g Tomaten
- 1 EL Tomatenmark
- Salz, Pfeffer
- Paprikapulver (scharf)
- Tabascosauce

Zwiebel pellen und in Würfel schneiden. Fleisch abspülen, mit Küchenkrepp trockentupfen und in kleine Stücke schneiden. In einem Topf das Öl erhitzen und erst das Fleisch darin anbraten, dann die Zwiebeln hinzufügen und kurze Zeit weiter anbraten. Mit der Gemüsebrühe ablöschen und das Fleisch im geschlossenen Topf kurze Zeit dünsten lassen.

Inzwischen die Paprikaschoten waschen, halbieren, vom Kerngehäuse befreien und in Würfel schneiden. Kartoffeln schälen, waschen und ebenfalls in Würfel schneiden. Paprika- und Kartoffelwürfel in den Topf geben und weich dünsten. Nun die Tomaten waschen, in Würfel schneiden und mitdünsten.

Alles mit Tomatenmark, Salz, Pfeffer, Paprika und Tabascosauce abschmecken.

Einkaufsliste: Ungarischer Eintopf

- o 200 g mageres Schweineschnitzel
- o Olivenöl (aus dem Vorrat)
- o Gemüsebrühe (Instant)
- o 300 g rote Paprikaschoten
- o 3 Kartoffeln
- o 1 Zwiebel
- o 200 g Tomaten
- o 1 Tube Tomatenmark
- o Paprikapulver (scharf)
- o Tabascosauce
- o Salz, Pfeffer (aus dem Vorrat)

Was noch?

- o ______
- o ______
- o ______
- o ______
- o ______
- o ______
- o ______
- o ______
- o ______
- o ______
- o ______
- o ______

Eintopf mit Kasseler

Zutaten für 3 Personen

- 200 g Sellerie
- 200 g grüne Bohnen (TK)
- 200 g Möhren
- 500 g Kartoffeln
- 250 g mageres Kasseler
- 3 Lorbeerblätter
- 1 l Gemüsebrühe (Instant)

Das gesamte Gemüse putzen, waschen und klein schneiden. Die Brühe mit dem Gemüse in einen Topf füllen, das Fleisch obenauf legen. Mit den Lorbeerblättern dann im geschlossenen Topf bei wenig Hitze ca. 60 Minuten köcheln lassen.

Wenn zu viel Flüssigkeit verdampft, dann etwas Brühe auffüllen.

Wenn das Fleisch gar ist, in kleine Stückchen schneiden und wieder zugeben.

Einkaufsliste: Eintopf mit Kasseler

- ○ 200 g Sellerie
- ○ 200 g grüne Bohnen (TK)
- ○ 200 g Möhren
- ○ 500 g Kartoffeln
- ○ 250 g mageres Kasseler
- ○ 1 Tüte Lorbeerblätter
- ○ Gemüsebrühe (Instant)

Was noch?

- ○ ____________________
- ○ ____________________
- ○ ____________________
- ○ ____________________
- ○ ____________________
- ○ ____________________
- ○ ____________________
- ○ ____________________
- ○ ____________________
- ○ ____________________
- ○ ____________________
- ○ ____________________

Zucchinirisotto

Zutaten für 3 Personen

- 200 g Naturreis
- 1 Zwiebel
- 1 Knoblauchzehe
- 0,4 l Weißwein, trocken
- 500 g Zucchini
- 1 EL Kürbiskernöl
- 10 g geriebener Parmesan
- Salz, Pfeffer
- Majoran

Reis nach Packungsanweisung zubereiten. Zwiebel und Knoblauch pellen, fein hacken, in einer beschichteten Pfanne ohne Öl anschwitzen und mit dem Weißwein ablöschen. Zucchini waschen, in kleine Stifte schneiden und zu den Zwiebeln in die Pfanne geben. Alles weich dünsten und den inzwischen fertig gegarten Reis untermischen. Alles mit Salz, Pfeffer und Majoran abschmecken.

Auf Tellern anrichten, mit etwas Kürbiskernöl beträufeln und mit Parmesan bestreuen.

Einkaufsliste: Zucchinirisotto

- o 200 g Naturreis
- o 1 Zwiebel
- o 1 Knoblauchknolle
- o 1 Flasche Weißwein, trocken
- o 500 g Zucchini
- o 1 kleine Flasche Kürbiskernöl
- o 1 kleine Tüte geriebener Parmesan
- o Salz, Pfeffer (aus dem Vorrat)
- o Majoran

Was noch?

- o ____________________
- o ____________________
- o ____________________
- o ____________________
- o ____________________
- o ____________________
- o ____________________
- o ____________________
- o ____________________
- o ____________________
- o ____________________
- o ____________________

Paprika-Reis mit Hähnchenstreifen

Zutaten für 1 Person

- 100 g Hähnchenfilet
- Salz, Pfeffer
- 40 g Reis
- 100 g Gemüsepaprika (Glas)
- 1 Scheibe Zitrone

Hähnchenfilet abspülen, mit Küchenkrepp trockentupfen, in Streifen schneiden, salzen und pfeffern und in einer beschichteten Pfanne ohne Zugabe von Fett gut durchbraten. Reis nach Packungsanweisung garen. Gemüsepaprika abgießen, klein schneiden und unter den fertigen Reis mengen. Alles mit Salz und Pfeffer abschmecken.

Das Hähnchenfilet mit dem warmen Paprika-Reis und 1 Scheibe Zitrone anrichten.

Einkaufsliste: Paprika-Reis mit Hähnchenstreifen

- ○ 100 g Hähnchenfilet
- ○ 1 Pckg. Reis (Kochbeutel)
- ○ 1 Glas Gemüsepaprika
- ○ Salz, Pfeffer (aus dem Vorrat)
- ○ 1 Zitrone

Was noch?

○ ______________________

○ ______________________

○ ______________________

○ ______________________

○ ______________________

○ ______________________

○ ______________________

○ ______________________

○ ______________________

○ ______________________

○ ______________________

○ ______________________

Wildreis mit Mais

Zutaten
für 1 Person

- 80 g Wildreis
- 1 kleine Zwiebel
- 1 TL Sonnenblumenöl
- 100 g Mais (Konserve)
- Sojasauce
- gekörnte Gemüsebrühe (Instant)

Reis nach Packungsanweisung zubereiten. Zwiebeln pellen, klein würfeln und in dem Öl anbraten, dann den Reis dazugeben und noch kurze Zeit weiter anbraten. Mais hinzufügen, nochmals aufwärmen und alles mit etwas Sojasauce und gekörnter Gemüsebrühe würzen.

Einkaufsliste: Wildreis mit Mais

- 1 Pckg. Wildreis
- 1 kleine Zwiebel
- gekörnte Gemüsebrühe (Instant)
- Sonnenblumenöl
- 1 kleine Dose Mais
- Sojasauce

Was noch?

- ____________________
- ____________________
- ____________________
- ____________________
- ____________________
- ____________________
- ____________________
- ____________________
- ____________________
- ____________________
- ____________________
- ____________________

Orientalische Reispfanne

Zutaten für 2 Personen

- 125 g Thunfisch im eigenen Saft (Konserve)
- 125 g Reis
- 250 g frische Champignons
- 250 g Tomaten
- 10 g Sojasauce
- 30 g Tomatenmark
- Chilipulver
- Kreuzkümmel
- Sambal Olek
- Koriander
- Pfeffer

Reis nach Packungsanweisung zubereiten. Champignons putzen, waschen und klein schneiden. Tomaten waschen, vom Stielansatz befreien und in kleine Stücke schneiden. Alles in eine beschichtete Pfanne ohne Zugabe von Fett geben und ca. 5 Minuten anbraten. Dann den Thunfisch zugeben.

Aus Tomatenmark, etwas Sojasauce und Wasser eine Sauce anrühren und damit das Gericht ablöschen.

Zum Schluss den fertig gegarten Reis untermengen, alles mit Chilipulver, Kümmel, Sambal Olek, Koriander und Pfeffer würzen und kurze Zeit bei wenig Hitze durchziehen lassen.

Einkaufsliste: Orientalische Reispfanne

- 1 Pckg. Reis
- 250 g frische Champignons
- 250 g Tomaten
- 1 Dose Thunfisch im eigenen Saft
- 1 Tube Tomatenmark
- Sojasauce
- Chilipulver
- Kreuzkümmel
- 1 kleines Glas Sambal Olek
- Koriander
- Pfeffer (aus dem Vorrat)

Was noch?

- ____________________
- ____________________
- ____________________
- ____________________
- ____________________
- ____________________
- ____________________
- ____________________
- ____________________
- ____________________
- ____________________
- ____________________

Schneller Reiseintopf mit Knoblauch

Zutaten für 2 bis 3 Personen

- 100 g Reis (2 Tassen)
- 4 Tassen Gemüsebrühe (Instant)
- 600 g passierte Tomaten (Konserve)
- 4 Knoblauchzehen
- Salz, Pfeffer
- Sambal Olek
- 1 Pckg. italienische Kräuter (TK)

Den Reis in der Brühe garen. Dann die Tomaten aus der Dose zufügen. Knoblauch pellen, pressen und dazugeben. Mit den Gewürzen abschmecken, Kräuter unterrühren und kurz aufkochen lassen.

Einkaufsliste: Schneller Reiseintopf mit Knoblauch

- 1 Pckg. Reis
- 1 Glas Gemüsebrühe (Instant)
- 2 große Dosen passierte Tomaten
- 1 Knoblauchknolle
- Sambal Olek
- 1 Pckg. italienische Kräuter (TK)
- Salz, Pfeffer (aus dem Vorrat)

Was noch?

- ______________________
- ______________________
- ______________________
- ______________________
- ______________________
- ______________________
- ______________________
- ______________________
- ______________________
- ______________________
- ______________________
- ______________________

Reis mit Tomatensauce und Spiegelei

Zutaten für 2 Personen

- 1 Tasse Reis
- 1 Zwiebel
- 1 Knoblauchzehe
- 1 EL Olivenöl
- 1 Dose geschälte Tomaten
- Salz, Pfeffer
- Paprika, edelsüß
- flüssiger Süßstoff
- 2 Eier

Reis nach Packungsanweisung zubereiten. Zwiebel und Knoblauch pellen und fein würfeln. In einem Topf das Öl erhitzen und darin Knoblauch- und Zwiebelwürfel glasig dünsten. Dann die Tomaten aus der Dose dazugeben, alles umrühren und mit Salz, Pfeffer, Paprika und etwas flüssigem Süßstoff würzen. Die Sauce ca. 15 Minuten köcheln lassen. In einer beschichteten Pfanne aus den Eiern Spiegeleier zubereiten.

Den Reis auf den Tellern zu jeweils einem Hügel anordnen, Sauce darüber geben und jeweils ein Spiegelei in die Mitte setzen.

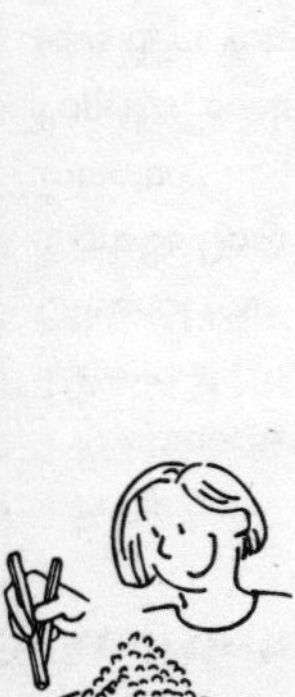

Einkaufsliste: Reis mit Tomatensauce und Spiegelei

- 1 Pckg. Reis
- 1 Knoblauchknolle
- 1 Zwiebel
- Olivenöl (aus dem Vorrat)
- 1 große Dose geschälte Tomaten
- Paprika, edelsüß (aus dem Vorrat)
- flüssiger Süßstoff
- 2 Eier
- Salz, Pfeffer (aus dem Vorrat)

Was noch?

- ______
- ______
- ______
- ______
- ______
- ______
- ______
- ______
- ______
- ______
- ______
- ______

Indischer Reiseintopf

Zutaten für 3 Personen

- 200 g Basmatireis
- 400 g Blumenkohl
- 200 g Möhren
- 1 Zwiebel
- 2 EL Olivenöl
- 700 ml Wasser
- 1 Prise Safran
- 1 Prise Zimt
- 1 Prise Kardamom
- 1 Prise Nelken (gemahlen)
- 1 Prise Kreuzkümmel (gemahlen)
- ½ TL Salz
- 100 g Erbsen (TK)

Basmatireis nach Packungsanweisung zubereiten. Blumenkohl putzen, waschen und in Röschen zerteilen. Möhren waschen, putzen und in Stifte schneiden. Zwiebel pellen und in Scheiben schneiden. Das Öl in einem Topf heiß werden lassen und die Zwiebelscheiben darin andünsten. Dann das Gemüse hinzufügen, kurz mit anbraten, mit den Gewürzen abschmecken und mit dem Wasser ablöschen. Alles ca. 12 Minuten garen lassen, in den letzten 4 Minuten die Erbsen und den Reis hinzufügen und eventuell nochmals nachwürzen.

Einkaufsliste: Indischer Reiseintopf

- o 1 Pckg. Basmatireis
- o 1 Blumenkohl
- o 200 g Möhren
- o 1 kleine Pckg. Erbsen (TK)
- o 1 Zwiebel
- o Olivenöl (aus dem Vorrat)
- o Safran
- o Zimt
- o Kardamom
- o Kreuzkümmel
- o Nelken
- o Salz (aus dem Vorrat)

Was noch?

- o ______________________
- o ______________________
- o ______________________
- o ______________________
- o ______________________
- o ______________________
- o ______________________
- o ______________________
- o ______________________
- o ______________________
- o ______________________
- o ______________________

Risotto mit rohem Schinken

Zutaten
für 2 Personen

- 150 g Rucola
- 2 EL Olivenöl
- 250 g Risotto-Reis
- 0,15 l Weißwein, trocken
- ca. 600 ml klare Gemüsebrühe (Instant)
- Salz, Pfeffer
- 2 Scheiben roher Schinken (ohne Fettrand)

Rucola waschen und kurz im heißen Wasser blanchieren. Dann über einem Sieb abgießen, in Küchenkrepp ausdrücken und anschließend grob hacken. In einem Topf das Olivenöl erhitzen und den Reis zugeben. Unter ständigem Rühren den Reis andünsten, bis er völlig von einem Ölfilm überzogen ist, dann mit dem Weißwein ablöschen. Unter Rühren den Wein einkochen lassen, dann ca. ein Drittel der Gemüsebrühe hinzufügen und bei wenig Hitze auch die Brühe einkochen lassen, bis der Reis sie völlig aufgenommen hat.

Dann nach und nach die restliche Brühe aufgießen und mit Salz und Pfeffer würzen.

Wenn der Risotto bissfest ist, den Rucola zufügen und eventuell noch etwas Brühe aufgießen, da der Risotto in der Konsistenz sehr »suppig« sein soll. Zugedeckt noch kurze Zeit ausquellen lassen.

Schinkenscheiben halbieren, in eine beschichtete Pfanne ohne weitere Zugabe von Fett legen und anbraten. Den Schinken auf dem Risotto anrichten.

Einkaufsliste: Risotto mit rohem Schinken

- o 2 Scheiben roher Schinken
- o 150 g Rucola
- o 1 Pckg. Risotto-Reis
- o Weißwein, trocken (aus dem Vorrat)
- o Olivenöl (aus dem Vorrat)
- o 1 Glas klare Gemüsebrühe (Instant)
- o Salz, Pfeffer (aus dem Vorrat)

Was noch?

- o ______
- o ______
- o ______
- o ______
- o ______
- o ______
- o ______
- o ______
- o ______
- o ______
- o ______
- o ______

Party-Reistopf

Zutaten für 6 Personen

- 2 Zwiebeln
- 3 Knoblauchzehen
- 4 EL Olivenöl
- 125 g Basmatireis
- 300 ml Hühnerbrühe (Instant)
- 750 g Putenfleisch
- Salz, Pfeffer
- 3 EL Sojasauce
- 750 ml Tomatensaft
- 1 kleine Dose Gemüsemais
- 1 kleine Dose Champignons
- 1 Glas Tomatenpaprika (Abtropfgewicht 165 g)
- Tabasco
- gemahlener Koriander

Zwiebeln und Knoblauch pellen, in Würfel schneiden und einem Kochtopf in 2 EL Olivenöl andünsten. Den Reis hinzugeben und kurz mit andünsten. Mit der Brühe ablöschen, zum Kochen bringen und ca. 20 Minuten garen. Die Flüssigkeit sollte dabei bis auf ein Viertel verdampfen.

Putenfleisch abspülen, mit Küchenkrepp trockentupfen und in kleine mundgerechte Stücke schneiden. In einem Wok oder Bräter das restliche Olivenöl erhitzen und das Fleisch darin anbraten. Mit Salz, Pfeffer und Sojasauce würzen und mit dem Tomatensaft ablöschen. Mais, Champignons und Tomatenpaprika über einem Sieb abtropfen lassen und dann ebenfalls hinzufügen.

Alles wieder aufkochen lassen und mit Salz, Pfeffer, Tabasco und Koriander würzen. Ca. 5 Minuten köcheln lassen, dann den Zwiebel-Knoblauch-Reis unterrühren und alles nochmals aufwärmen und eventuell nachwürzen.

Einkaufsliste: Party-Reistopf

- o 2 Zwiebeln
- o 1 Knoblauchknolle
- o Olivenöl (aus dem Vorrat)
- o 1 Pckg. Basmatireis
- o 1 Glas Hühnerbrühe (Instant)
- o 750 g Putenfleisch
- o Sojasauce
- o 1 Flasche Tomatensaft (750 ml)
- o 1 kleine Dose Gemüsemais
- o 1 kleine Dose Champignons
- o 1 Glas Tomatenpaprika (Abtropfgewicht 165 g)
- o Tabasco
- o gemahlener Koriander
- o Salz, Pfeffer (aus dem Vorrat)

Was noch?

- o ______
- o ______
- o ______
- o ______
- o ______
- o ______
- o ______
- o ______
- o ______
- o ______
- o ______
- o ______

Reis-Shrimps-Pfanne

Zutaten
für 1 Person

- 1 rote Paprikaschote
- 1 Lauchzwiebel
- 2 TL Olivenöl
- 60 g Langkornreis
- 150 ml Gemüsebrühe (Instant)
- 50 g Shrimps
- Salz, weißer Pfeffer
- Curry
- 1 gehäufter TL Sesam

Paprikaschote waschen, halbieren, vom Kerngehäuse befreien und in kleine Würfel schneiden. Zwiebel pellen und in Würfel schneiden. In einer Pfanne einen Teelöffel Öl erhitzen und darin das Gemüse und den Reis andünsten. Mit der Brühe ablöschen, alles aufkochen und zugedeckt ca. 25 Minuten garen.

Shrimps abspülen und trockentupfen. In einer separaten Pfanne das restliche Öl erhitzen und die Shrimps darin ca. 2 Minuten braten. Reis mit Salz, Pfeffer und Curry abschmecken. Shrimps unterheben und Sesam darüber streuen.

Einkaufsliste: Reis-Shrimps-Pfanne

- o 1 rote Paprikaschote
- o 1 Lauchzwiebel
- o Olivenöl (aus dem Vorrat)
- o 1 Pckg. Langkornreis
- o 1 Glas Gemüsebrühe (Instant)
- o 1 kleine Pckg. Shrimps
- o Salz, weißer Pfeffer (aus dem Vorrat)
- o Curry (aus dem Vorrat)
- o 1 Pckg. Sesam

Was noch?

- o ____________________
- o ____________________
- o ____________________
- o ____________________
- o ____________________
- o ____________________
- o ____________________
- o ____________________
- o ____________________
- o ____________________
- o ____________________
- o ____________________

Hähnchen-Reis

**Zutaten
für 2 Personen**

- 125 g Naturreis
- 1 Zwiebel
- 1 kleine rote Paprikaschote
- 1 kleine gelbe Paprikaschote
- 1 Tomate
- 2 Hühnerbrustfilets
- 1 Knoblauchzehe
- 2 TL Olivenöl
- Salz, Pfeffer
- 1 Prise Paprikapulver, scharf
- Petersilie

Reis nach Packungsanweisung zubereiten. Zwiebel pellen und würfeln, Paprika waschen, halbieren, vom Kerngehäuse befreien und in Streifen schneiden. Tomate kurz in heißem Wasser blanchieren, häuten und würfeln.

Hühnerbrust in mundgerechte Stücke schneiden. Das Fleisch einem Teelöffel heißem Öl anbraten, Knoblauch pellen und dazupressen, alles mit Salz, Pfeffer und Paprikapulver würzen. Das Fleisch aus der Pfanne nehmen und warm stellen. Zwiebelwürfel und Paprikastreifen im restlichen Öl anbraten, den fertigen Reis und die gewürfelte Tomate hinzufügen. Dann das Fleisch dazugeben und bei wenig Hitze alles 10 min. garen.

Auf Tellern anrichten und mit gehackter Petersilie bestreuen.

Einkaufsliste: Hähnchen-Reis

- o 1 Pckg. Naturreis
- o 1 Zwiebel
- o 1 kleine rote Paprikaschote
- o 1 kleine gelbe Paprikaschote
- o 1 Tomate
- o 2 Hühnerbrustfilets
- o 1 Knoblauchknolle
- o Olivenöl (aus dem Vorrat)
- o Paprikapulver (scharf)
- o 1 Bund Petersilie
- o Salz, Pfeffer (aus dem Vorrat)

Was noch?

- o ______________________
- o ______________________
- o ______________________
- o ______________________
- o ______________________
- o ______________________
- o ______________________
- o ______________________
- o ______________________
- o ______________________
- o ______________________
- o ______________________

Würzige Reispfanne

Zutaten für 2 Personen

- 75 g Reis
- 1 Hähnchenbrustfilet
- 50 g Sojasprossen (Konserve)
- 1 kleines Glas Bambussprossen
- 2 Lauchzwiebeln
- ½ rote Paprikaschote
- 1 ½ EL Sesamöl
- Salz, Pfeffer
- 1 ½ EL Sojasauce
- 1 Msp. Sambal Olek

Reis nach Packungsanweisung zubereiten. Fleisch waschen, mit Küchenkrepp trockentupfen, fein würfeln und mit Salz und Pfeffer würzen. ½ EL Öl in einer Pfanne erhitzen und das Fleisch darin anbraten. Das Fleisch aus der Pfanne nehmen und warm stellen.

Lauchzwiebeln pellen und in Ringe schneiden. Paprika waschen, halbieren, vom Kerngehäuse befreien und in Würfel schneiden. Die Sprossen abgießen und mit dem übrigen Gemüse im restlichen Öl anbraten.

Das Fleisch und den fertigen Reis wieder hinzufügen und nochmals kurz erhitzen. Mit Sojasauce, Pfeffer und Sambal Olek abschmecken.

Einkaufsliste: Würzige Reispfanne

- o 1 Pckg. Reis
- o 1 Hähnchenbrustfilet
- o 1 Glas Sojasprossen
- o 1 kleines Glas Bambussprossen
- o 2 Lauchzwiebeln
- o 1 rote Paprikaschote
- o 1 kleine Flasche Sesamöl
- o Sojasauce
- o 1 kleines Glas Sambal Olek
- o Salz, Pfeffer (aus dem Vorrat)

Was noch?

- o ______
- o ______
- o ______
- o ______
- o ______
- o ______
- o ______
- o ______
- o ______
- o ______
- o ______
- o ______

Gemüserisotto mit Putenfleisch

Zutaten
für 2 Personen

- 150 g Putenfleisch
- 250 g Naturreis
- 600 ml klare Gemüsebrühe (Instant)
- 1 Lorbeerblatt
- 2 kleine Tomaten
- 1 kleine Zucchini
- 1 kleine Dose Champignons
- Salz, Pfeffer

Putenfleisch abspülen, mit Küchenkrepp trockentupfen, in Würfel schneiden und in einer beschichteten Pfanne ohne Zugabe von Fett anbraten. Reis nach Packungsanweisung in der Gemüsebrühe mit dem Lorbeerblatt kochen.

Zucchini und Tomaten waschen und würfeln. Champignons abgießen. Ca. 10 Minuten, bevor der Reis gar ist, Champignons, Zucchini und die Tomaten hinzufügen. Nach Geschmack mit Pfeffer und Salz würzen und die Putenfleischwürfel unterrühren.

Einkaufsliste: Gemüserisotto mit Putenfleisch

- 150 g Putenfleisch
- 1 Pckg. Naturreis
- 1 Glas klare Gemüsebrühe (Instant)
- 1 kleine Tüte Lorbeerblätter
- 2 kleine Tomaten
- 1 kl. Zucchini
- 1 kleine Dose Champignons
- Salz, Pfeffer (aus dem Vorrat)

Was noch?

- ______________________
- ______________________
- ______________________
- ______________________
- ______________________
- ______________________
- ______________________
- ______________________
- ______________________
- ______________________
- ______________________
- ______________________

Fruchtiger Putenreis

Zutaten für 4 Personen

- 200 g Reis
- 500 g Putenbrust
- 1 EL Sonnenblumenöl
- 1 EL Hühnerbrühe (Instant)
- Chilipulver
- Kreuzkümmel
- 2 Möhren
- 75 g Aprikosen, getrocknet
- 50 g Rosinen
- 750 ml Wasser
- Tomatensuppe (1 Beutel)
- 1 EL gemahlener Koriander

Reis nach Packungsanweisung zubereiten. Putenbrust abspülen, mit Küchenkrepp trockentupfen, schnetzeln und in einer Pfanne im heißen Öl anbraten. Mit Brühepulver, Chilipulver und Kreuzkümmel würzen. Möhren waschen und raspeln. Die getrockneten Aprikosen in Streifen schneiden und mit den Möhren, Rosinen und dem fertig gegarten Reis zum Fleisch geben. Alles kurze Zeit zusammen dünsten, dann mit dem Wasser ablöschen.

Nach dem Aufkochen das Tomatensuppenpulver einrühren, mit Koriander würzen und bei kleiner Hitze ca. 15 Minuten garen.

Einkaufsliste: Fruchtiger Putenreis

- 1 Pckg. Reis
- 500 g Putenbrust
- Sonnenblumenöl
- Hühnerbrühe (Instant)
- Chilipulver
- Kreuzkümmel
- 2 Möhren
- 1 Pckg. getrocknete Aprikosen
- 1 Tüte Rosinen
- 1 Tüte Tomatensuppe (Pulver)
- gemahlener Koriander

Was noch?

- ______________________
- ______________________
- ______________________
- ______________________
- ______________________
- ______________________
- ______________________
- ______________________
- ______________________
- ______________________
- ______________________
- ______________________

Milchreis mit Apfel und Zimt

Zutaten für 1 Person

- ½ Vanilleschote
- 125 ml fettarme Milch
- 1 kleines Stück Zitronenschale
- 1 Prise Salz
- 30 g Rundkornreis
- 1 Apfel
- 125 g Magerquark
- etwas gemahlener Zimt
- 1 Spritzer Süßstoff

Vanilleschote der Länge nach aufschneiden und das Mark mit einem Messer herauskratzen. Milch mit Wasser auf 200 ml Flüssigkeit ergänzen und in einen Topf gießen. Mit Vanillemark, Zitronenschale und Salz unter Rühren aufkochen lassen. Den Reis einrühren und zugedeckt bei schwacher Hitze ca. 30 Minuten ausquellen lassen, dabei ab und zu umrühren. Vom Herd nehmen, abkühlen lassen und die Zitronenschale entfernen. Apfel halbieren, entkernen und in dünne Spalten schneiden. Quark unter den Reis rühren und mit Zimt und Süßstoff abschmecken.

Reis auf einem Teller anrichten und mit den Apfelspalten dekorieren.

Einkaufsliste: Milchreis mit Apfel und Zimt

- o 1 Vanilleschote
- o ½ l fettarme Milch
- o 1 Zitrone
- o Salz (aus dem Vorrat)
- o 1 Pckg. Rundkornreis
- o 1 Apfel
- o 125 g Magerquark
- o Zimt
- o Süßstoff

Was noch?

- o ______
- o ______
- o ______
- o ______
- o ______
- o ______
- o ______
- o ______
- o ______
- o ______
- o ______
- o ______

Reissuppe

Zutaten für 1 Person

- 30 g Langkornreis
- Salz, Pfeffer
- 100 g Möhren
- 50 g Stangensellerie
- 1 Zwiebel
- 100 g Hähnchenfilet
- 1 TL Öl
- 100 g passierte Tomaten (Konserve)
- 100 ml Gemüsebrühe (Instant)
- 1 TL gehackte Petersilie

Reis in ca. 150 ml leicht gesalzenem Wasser zugedeckt ca. 20 Minuten garen. Möhren und Sellerie waschen, putzen und in kleine Stücke schneiden. Zwiebel pellen und hacken.

Fleisch abspülen, mit Küchenkrepp trockentupfen und würfeln. Das gewürfelte Hähnchenfleisch in der Pfanne im heißem Öl anbraten, mit Salz und Pfeffer würzen, herausnehmen und warm stellen.

Gemüsestücke mit den Zwiebelwürfeln im Bratfett andünsten. Mit der Brühe und den passierten Tomaten ablöschen und ca. 5 Minuten köcheln lassen.

Dann Reis und Fleisch hinzufügen, alles nochmals erhitzen und die gehackte Petersilie unterrühren.

Einkaufsliste: Reissuppe

- o 1 Pckg. Langkornreis
- o 100 g Möhren
- o 50 g Stangensellerie
- o 1 Zwiebel
- o 100 g Hähnchenfilet
- o Öl (aus dem Vorrat)
- o 1 kleine Dose passierte Tomaten
- o Gemüsebrühe (Instant)
- o 1 Bund Petersilie
- o Salz, Pfeffer (aus dem Vorrat)

Was noch?

- o ______________________
- o ______________________
- o ______________________
- o ______________________
- o ______________________
- o ______________________
- o ______________________
- o ______________________
- o ______________________
- o ______________________
- o ______________________
- o ______________________

Zucchini-Reis-Pfanne

Zutaten für 1 Person

- 50 g Reis
- 1 EL gekörnte Gemüsebrühe
- ½ Zwiebel
- ½ rote Paprika
- 1 kl. Zucchini
- 50 g gekochter Schinken, ohne Fett
- ½ EL Öl zum Anbraten
- 2 Käse-Scheibletten (light)
- Salz, Pfeffer
- Oregano
- Basilikum

Reis nach Packungsanweisung mit der gekörnten Gemüsebrühe garen. Zwiebel pellen und würfeln. Paprika, waschen, halbieren, Kerngehäuse entfernen und in Streifen schneiden. Zucchini waschen und würfeln. Schinken in Würfel schneiden. Das Gemüse und die Schinkenwürfel in der Pfanne im heißen Öl anbraten und ca. 10 Minuten dünsten, bis alles gar ist. Dann den fertig gekochten Reis dazugeben und alles mit Salz, Pfeffer, Oregano und Basilikum würzen. Die Scheibletten obenauf legen und noch kurze Zeit alles erwärmen, bis der Käse zerlaufen ist.

Einkaufsliste: Zucchini-Reis-Pfanne

- o 1 Pckg. Reis
- o gekörnte Gemüsebrühe
- o 1 Zwiebel
- o 1 rote Paprika
- o 1 kl. Zucchini
- o 50 g gekochter Schinken (ohne Fettrand)
- o Öl (aus dem Vorrat)
- o 1 Pckg. Käse-Scheibletten (light)
- o Salz, Pfeffer (aus dem Vorrat)
- o Oregano
- o Basilikum

Was noch?

- o ______________________
- o ______________________
- o ______________________
- o ______________________
- o ______________________
- o ______________________
- o ______________________
- o ______________________
- o ______________________
- o ______________________
- o ______________________
- o ______________________

Obstsalat mit Vanille-Jogurt

Zutaten für 2 Personen

- 2 Kiwis
- 1 kleine Banane
- 2 Scheiben Ananas (aus der Dose)
- 2 Becher Vanillejogurt (à 150 g; 1,5 %)

Kiwis und Banane schälen und in kleine Stücke schneiden. Ananas abtropfen lassen und ebenfalls klein schneiden. Den Jogurt cremig rühren und über das Obst gießen.

Einkaufsliste: Obst-Salat mit Vanille-Jogurt

- o 2 Becher Vanillejogurt (à 150 g; 1,5 %)
- o 1 kleine Dose Ananasscheiben
- o 2 Kiwis
- o 1 kleine Banane

Was noch?

- o ______________________
- o ______________________
- o ______________________
- o ______________________
- o ______________________
- o ______________________
- o ______________________
- o ______________________
- o ______________________
- o ______________________
- o ______________________
- o ______________________

Grüne Grütze

Zutaten für 2 Personen

- 1 kleine Honigmelone
- 2 Kiwis
- 200 g Weintrauben
- flüssiger Süßstoff
- ¼ l ungezuckerter Apfelsaft
- 1 EL Zitronensaft
- 1 EL Speisestärke

Melone und Kiwis schälen, Fruchtfleisch würfeln. Weintrauben waschen und halbieren. Apfel- und Zitronensaft einmal aufkochen und mit Süßstoff abschmecken. Obst hinzufügen. Stärke mit wenig Wasser anrühren und nach und nach unterrühren. Alles nochmals kurz aufkochen lassen.

Einkaufsliste: Grüne Grütze

- o 1 kleine Honigmelone
- o 2 Kiwis
- o 200 g Weintrauben
- o flüssiger Süßstoff
- o 1 Flasche ungezuckerter Apfelsaft
- o 1 Zitrone
- o Speisestärke (aus dem Vorrat)

Was noch?

- o ______
- o ______
- o ______
- o ______
- o ______
- o ______
- o ______
- o ______
- o ______
- o ______
- o ______
- o ______

Gefüllte Pfirsiche

Zutaten für 2 Personen

- 2 Pfirsiche
- 2 EL Preiselbeeren (aus dem Glas)
- 2 EL Crème légère
- 4 Zahnstocher
- Honig
- 25 g Mandelblättchen
- Öl

Die Pfirsiche waschen, mit Küchenkrepp trockenreiben, halbieren und entkernen. Die Preiselbeeren abtropfen lassen und mit Crème légère verrühren. Je eine Pfirsichhälfte mit der Masse füllen, mit der anderen Hälfte wieder zu einem kompletten Pfirsich zusammensetzen. Die Pfirsiche mit je 2 Zahnstochern fixieren.

Die Schnittkanten mit Honig einpinseln und in Mandelblättchen rollen.

Die Pfirsiche auf einem geölten Rost jeweils 3–5 Minuten grillen.

Einkaufsliste: Gefüllte Pfirsiche

- 2 Pfirsiche
- 1 kleines Glas Preiselbeeren
- 1 Becher Crème légère (150 g)
- Zahnstocher
- 1 kleines Glas Honig
- 1 Tüte Mandelblättchen
- Öl (aus dem Vorrat)

Was noch?

- ____________________
- ____________________
- ____________________
- ____________________
- ____________________
- ____________________
- ____________________
- ____________________
- ____________________
- ____________________
- ____________________
- ____________________

Schokokuss-Dessert mit Erdbeeren

**Zutaten
für 4 Personen**

- 300 g Erdbeeren
- 4 Schokoküsse
- 2 TL Zitronensaft
- 1 TL Honig
- 250 g Magerquark

Erdbeeren waschen und putzen. 4 Erdbeeren halbieren und beiseite legen, die übrigen Erdbeeren vierteln. Von den Schokoküssen die Waffelböden entfernen, zur Seite legen und die Schokoschaummasse in einer Schüssel mit Zitronensaft, Honig und Quark verrühren. Nun die geviertelten Erdbeeren unter die Creme heben und anschließend in Dessertschalen füllen.

Mit den halbierten Erdbeeren und den Waffelböden nun das Dessert dekorieren.

Einkaufsliste: Schokokuss-Dessert mit Erdbeeren

- 300 g Erdbeeren
- 1 Pckg. Schokoküsse
- 1 Zitrone
- 1 kleines Glas Honig
- 250 g Magerquark

Was noch?

- ______
- ______
- ______
- ______
- ______
- ______
- ______
- ______
- ______
- ______
- ______
- ______

Orangengelee

Zutaten
für 4 Personen

- 6 Blatt weiße Gelatine
- 2 Zitronen
- 8 Orangen
- 4 TL Agavendicksaft

Gelatine in kaltem Wasser einweichen. 4 Orangen schälen, filetieren und auf 4 Kompottschalen verteilen. Die restlichen Orangen und die Zitronen auspressen. Es wird ca. ¼ Liter Saft benötigt.

Ca. ein Drittel des Saftes in einem kleinen Topf erhitzen und darin die Gelatine auflösen. Alles mit dem restlichen Saft mischen, mit Agavendicksaft süßen und über die Orangenfilets gießen.

Über Nacht im Kühlschrank fest werden lassen.

Einkaufsliste: Orangengelee

- 6 Blatt weiße Gelatine
- 2 Zitronen
- 8 Orangen
- Agavendicksaft

Was noch?

- ___
- ___
- ___
- ___
- ___
- ___
- ___
- ___
- ___
- ___
- ___
- ___

Apfeltiramisu

Zutaten für 3 Personen

- 75 g Löffelbiskuits
- 1 EL Calvados
- 2 EL Apfelsaft
- 100 g Apfelmus
- 125 g Magerquark
- 125 g Frischkäse (Halbfettstufe)
- 2 EL fettreduzierte Milch
- 1 EL Honig
- Kakaopulver

Löffelbiskuits in eine kleine Auflaufform geben und mit Calvados und Apfelsaft beträufeln. Dann das Apfelmus darauf verteilen. Magerquark und Frischkäse mit der Milch und dem Honig gründlich verrühren und auf das Apfelmus verstreichen.

Ca. 3 Stunden in den Kühlschrank stellen und vor dem Servieren mit Kakao bestreuen.

Einkaufsliste: Apfeltiramisu

- 1 Pckg. Löffelbiskuits
- 1 Flasche Calvados
- 1 Flasche Apfelsaft
- 1 kleines Glas Apfelmus
- 125 g Magerquark
- 125 g Frischkäse (Halbfettstufe)
- ½ l fettreduzierte Milch
- 1 kleines Glas Honig
- Kakaopulver

Was noch?

- ______________________________
- ______________________________
- ______________________________
- ______________________________
- ______________________________
- ______________________________
- ______________________________
- ______________________________
- ______________________________
- ______________________________
- ______________________________
- ______________________________

Quarkauflauf für die Mikrowelle

Zutaten
für 2 Personen

- 2 Eier
- 1 Prise Zucker
- ½ unbehandelte Zitrone
- 250 g Magerquark
- 25 g Grieß
- 125 g Aprikosen (eine halbe Dose)
- wenig Fett für die Auflaufform
- 1 EL gemahlene Mandeln
- 150 g Himbeeren (TK)
- 1 Päckchen Vanillinzucker

Himbeeren auftauen lassen. Eier trennen. Eigelb mit Zucker und abgeriebener Zitronenschale schaumig rühren. Dann den Quark und Grieß unterrühren. In einer separaten Schüssel das Eiweiß steif schlagen. Aprikosen abtropfen lassen und in kleine Stücke schneiden. Erst die Aprikosenstücke, dann das Eiweiß vorsichtig unter den Quark heben.

Eine mikrowellengeeignete Auflaufform einfetten, mit den gemahlenen Mandeln ausstreuen und dann die Quarkmasse einfüllen. Alles mit Mikrowellenfolie abdecken und den Auflauf bei 600 Watt 9 Minuten garen.

Himbeeren und Vanillinzucker mit dem elektrischen Pürierstab pürieren und zum Auflauf servieren.

Einkaufsliste: Quarkauflauf Zutaten für die Mikrowelle

- o 2 Eier
- o Zucker (aus dem Vorrat)
- o 1 Zitrone
- o 250 g Magerquark
- o 1 Pckg. Grieß
- o 1 Dose Aprikosen
- o Fett (aus dem Vorrat)
- o 1 Tüte gemahlene Mandeln
- o 1 Pckg. Himbeeren (TK)
- o 1 Pckg. Vanillinzucker

Was noch?

- o ______________________
- o ______________________
- o ______________________
- o ______________________
- o ______________________
- o ______________________
- o ______________________
- o ______________________
- o ______________________
- o ______________________
- o ______________________
- o ______________________

Falsches Tiramisu

Zutaten
für 4 Personen

- 4 EL gemahlener Kaffee
- 2 Eier
- 2 Päckchen Vanillezucker
- 2 EL Cognac
- 150 g Magerquark
- 75 g Löffelbiskuits
- 1 TL Kakaopulver

Aus dem Kaffeepulver und 100 ml Wasser einen starken Kaffee kochen und abkühlen lassen. Eier trennen, das Eiweiß mit dem elektrischen Handmixer steif schlagen und kalt stellen. Eigelb, Vanillezucker und Cognac in einer Rührschüssel im heißen Wasserbad mit dem Mixer zu einer geschmeidigen Creme verrühren. Abkühlen lassen, dabei aber ständig umrühren. Eischnee unter die völlig abgekühlte Eimasse unterziehen. Magerquark einmal gründlich durchrühren, dann die Eiercreme mit dem Kochlöffel unterheben.

Die Hälfte der Löffelbiskuits kurz in den kalten Kaffee tauchen und eine kleine Auflaufform damit auslegen. Anschließend die Hälfte der Creme darauf verteilen. Dann die übrigen Löffelbiskuits in den Kaffee tauchen und obenauf legen. Restliche Creme darauf verstreichen und Kakaopulver darüber sieben. Vor dem Servieren im Kühlschrank ca. anderthalb Stunden kalt stellen.

Einkaufsliste: Falsches Tiramisu

- Kaffee (aus dem Vorrat)
- 2 Eier
- 1 Pckg. Vanillezucker
- 1 kleine Taschenflasche Cognac
- 1 Becher Magerquark (250 g)
- 1 Pckg. Löffelbiskuits
- Kakaopulver

Was noch?

- ______________________
- ______________________
- ______________________
- ______________________
- ______________________
- ______________________
- ______________________
- ______________________
- ______________________
- ______________________
- ______________________
- ______________________

Gebratene Grießschnitten

Zutaten
für 3 Personen

- 1 l fettreduzierte Milch
- ½ TL Salz
- flüssiger Süßstoff
- 250 g Grieß
- etwas Öl zum Braten

Milch mit dem Salz und etwas Süßstoff aufkochen, dann Grieß einrühren und bei schwacher Hitze kurz kochen lassen. In eine wasserdichte Kastenform füllen und mindestens 3 Stunden abkühlen lassen, dann stürzen und in ca. 1 cm dicke Scheiben schneiden.

In einer Pfanne in etwas heißem Öl knusprig braun braten.

Einkaufsliste: Gebratene Grießschnitten

- 1 l fettreduzierte Milch
- Salz (aus dem Vorrat)
- flüssiger Süßstoff
- 1 Pckg. Grieß
- Öl (aus dem Vorrat)

Was noch?

- __________
- __________
- __________
- __________
- __________
- __________
- __________
- __________
- __________
- __________
- __________

Pflaumen-Reis-Auflauf

Zutaten
für 2 Personen

- ½ l fettreduzierte Milch
- 40 g Rundkornreis
- Flüssiger Süßstoff
- 1 TL abgeriebene Zitronenschale
- 4 EL gemahlener Mohn
- 375 g Pflaumen (entsteint, aus dem Glas)
- 1 Eiweiß
- 1 Vanillezucker

Milch mit Milchreis, ein paar Spritzer Süßstoff und Zitronenschale aufkochen und 20 Minuten bei wenig Hitze köcheln lassen. Dann den Mohn unterrühren und 10 Minuten quellen lassen.

Pflaumen abtropfen lassen. Eiweiß steif schlagen, dabei Vanillinzucker einrieseln lassen.

In eine leicht gefettete Form die Hälfte vom Milchreis füllen, dann die Pflaumen darauf geben. Den Eischnee unter den restlichen Milchreis heben und auf die Pflaumen geben. Im Ofen bei ca. 200 °C 20 Minuten überbacken.

Einkaufsliste: Pflaumen-Reis-Auflauf

- ½ l fettarme Milch
- 1 Pckg. Rundkornreis
- 1 Flasche flüssiger Süßstoff
- 1 Zitrone
- 1 Tüte gemahlener Mohn
- 1 großes Glas Pflaumen (entsteint)
- 1 Ei
- 1 Pckg. Vanillezucker

Was noch?

- ______________________
- ______________________
- ______________________
- ______________________
- ______________________
- ______________________
- ______________________
- ______________________
- ______________________
- ______________________
- ______________________
- ______________________

Persischer Pudding

Zutaten
für 2 Personen

- 100 g Pudding, Vanille-Geschmack
- 30 g Honig
- 250 ml fettreduzierte Milch
- 2 Tütchen Vanillinzucker
- 50 g Rosinen
- 10 g Pistazien
- Zimt
- Kardamom
- Nelkenpulver

Vanillepudding nach Packungsanweisung mit der Milch und dem Vanillinzucker kochen, etwas abkühlen lassen und die Rosinen unterrühren. Den Pudding in zwei kalt ausgespülte Dessertschalen geben und im Kühlschrank kalt stellen. Anschließend den Pudding auf Dessertteller stürzen.

Nun den Honig erwärmen, damit er etwas flüssig wird, und mit jeweils einer Prise Zimt, Kardamom und Nelkenpulver würzen.

Zum Schluss den gestürzten Pudding mit dem gewürzten Honig beträufeln und mit Pistazien garnieren.

Einkaufsliste: Persischer Pudding

- o 1 Päckchen Pudding, Vanille-Geschmack
- o 1 kleines Glas Honig
- o 250 ml fettreduzierte Milch
- o 2 Pckg. Vanillinzucker
- o 1 Tüte Rosinen
- o 1 Tüte Pistazien
- o Zimt
- o Kardamom
- o Nelkenpulver

Was noch?

- o ______
- o ______
- o ______
- o ______
- o ______
- o ______
- o ______
- o ______
- o ______
- o ______
- o ______
- o ______

Windbeutel mit Quarkfüllung

Zutaten für 4 Personen

- 125 ml Wasser
- 50 g Halbfettmargarine
- 150 g Mehl
- 4 Eier
- 1 TL Backpulver
- 2 Blatt weiße Gelatine
- 4 EL Magermilch
- 300 g Magerquark
- 1 EL Zucker
- ½ Päckchen Vanillezucker
- 2 Eiweiß
- 1 TL Puderzucker

Backofen auf 200 °C vorheizen. In einem Kochtopf das Wasser mit der Margarine zum Kochen bringen, dann das Mehl in das kochende Wasser geben und ständig umrühren, bis sich ein Kloß bildet. Alles weiter erhitzen, bis sich der Kloß vom Boden löst. Dann den Topf vom Herd nehmen und 2 Eier unter den warmen Teig heben, etwas abwarten und nach ca. 5 Minuten die restlichen 2 Eier und das Backpulver unter den inzwischen völlig kalten Teig rühren. Ein Backblech mit Backpapier auslegen und den Teig mit einem Esslöffel in pflaumengroßen Häufchen mit Abstand auf das Blech setzen und auf der mittleren Schiene goldgelb backen. Dabei die ersten 20 Minuten den Herd nicht öffnen, sonst fällt das Gebäck zusammen!

Gelatine in kaltem Wasser einweichen, ausdrücken und in der Milch in einem Topf bei geringer Hitze auflösen. Quark, Zucker und Vanillezucker verrühren und die Milch mit der Gelatine unter kräftigem Schlagen mit dem Schneebesen unterrühren. Eiweiß steif schlagen und vorsichtig unter die Quarkmasse heben. Die fertig gebackenen und abgekühlten Windbeutel aufschneiden, den Quark in einen Spritzbeutel mit Sterntülle füllen und die Hälften damit füllen. Zusammenklappen und leicht mit Puderzucker bestäuben.

Einkaufsliste: Windbeutel mit Quarkfüllung

- 1 Becher Halbfettmargarine
- Mehl (aus dem Vorrat)
- 6 Eier
- 1 Pckg. Backpulver
- 2 Blatt weiße Gelatine
- 1 Magermilch
- 2 Becher Magerquark (à 250 g)
- Zucker (aus dem Vorrat)
- 1 Pckg. Vanillezucker
- 1 Päckchen Puderzucker

Was noch?

- ____________
- ____________
- ____________
- ____________
- ____________
- ____________
- ____________
- ____________
- ____________
- ____________
- ____________
- ____________

Sommernachtszauber

Zutaten
für 4 Personen

- 200 g Ananas
- 100 g Kiwi
- 100 g Litschi
- 100 g Pampelmuse
- 2 EL Zitronensaft
- 1 EL Rum
- 5 g Kokosraspeln
- 30 g Diät-Fruchtzucker-Streusüße

Von einer Ananas längs einen Deckel abschneiden, vorsichtig das Fruchtfleisch lösen und dieses in Stücke schneiden. Litschis enthäuten und halbieren, Pampelmuse und Kiwi schälen und in Stücke schneiden.

Für die Sauce Zitronensaft, Rum, Kokosraspeln und Streusüße verrühren, mit den Früchten vermengen und in die ausgehöhlte Ananas füllen.

Im Kühlschrank vor dem Servieren mindestens 1 Stunde ziehen und gut durchkühlen lassen.

Einkaufsliste: Sommernachtszauber

- o 1 Päckchen Kokosraspeln
- o 1 Päckchen Diät-Fruchtzucker-Streusüße
- o 1 Ananas
- o 100 g Kiwi
- o 100 g Litschi
- o 1 Pampelmuse
- o 1 Zitrone
- o 1 Taschenflasche Rum

Was noch?

- o ____________________
- o ____________________
- o ____________________
- o ____________________
- o ____________________
- o ____________________
- o ____________________
- o ____________________
- o ____________________
- o ____________________
- o ____________________
- o ____________________

Quark-Kuchen mit Mohn

Zutaten

für den Teig

- 220 g Weizenmehl (Typ 405)
- 100 g Halbfettbutter
- 50 g Diätzucker
- 1 Ei
- 1 TL Backpulver
- 1 Prise Salz

für den Mohnbelag

- 250 ml Magermilch
- 250 g gemahlener Mohn
- 100 g Diät-Zucker
- 1 TL Vanillinzucker
- 1 Ei

für die Quarkmasse

- 750 g Magerquark
- 1 Pckg. Puddingpulver, Vanillegeschmack
- 100 g Diätzucker
- 3 Eier
- 100 ml Magermilch

Backofen auf 180 °C vorheizen. Mehl mit dem Backpulver vermischen. Dann mit Butter, Zucker, Ei, Backpulver und Salz einen Mürbeteig kneten, ausrollen und auf ein mit Backpapier ausgelegtes Backblech legen.

Für die Mohnfüllung die Milch zum Kochen bringen, dann den gemahlenen Mohn einstreuen und unter Rühren nochmals aufkochen lassen. Zucker, Vanillinzucker und ein Ei unterrühren und alles bei wenig Hitze quellen lassen.

Nun in einer separaten Schüssel den Quark, Puddingpulver, Zucker, 3 Eigelbe und die Milch miteinander verrühren und das steif geschlagene Eiweiß vorsichtig unterheben. Zuerst die Mohnmasse auf den Teig geben und dann die Quarkmasse auf den Mohn streichen. Im vorgeheizten Backofen bei 180 °C ca. 45 Minuten backen.

Einkaufsliste: Quark-Kuchen mit Mohn

- o 1 Pckg. Weizenmehl
- o 1 Becher Halbfettbutter
- o 1 Pckg. Diät-Zucker
- o 5 Eier
- o 1 Pckg. Backpulver
- o Salz (aus dem Vorrat)
- o 1 l Magermilch
- o 250 g gemahlener Mohn
- o 1 Pck. Vanillinzucker
- o 750 g Magerquark
- o 1 Pck. Puddingpulver, Vanillegeschmack

Was noch?

- o ______
- o ______
- o ______
- o ______
- o ______
- o ______
- o ______
- o ______
- o ______
- o ______
- o ______
- o ______

Kakaostreuselkuchen

Zutaten

für den Streuselteig

- 150 g Halbfettbutter
- 100 g Diabetiker-Zucker
- 200 g Weizenmehl
- 2 EL Kakao, schwach entölt

Rührteigzutaten

- 125 g Halbfettbutter
- 75 g Diabetiker-Zucker
- 1 Pck. Vanillinzucker
- 2 Eier
- 375 g Weizenmehl
- 1 Pck. Backpulver
- 220 ml Magermilch

Backofen auf 180 °C vorheizen. Gekühlte Halbfettbutter, Zucker, Mehl und Kakao gründlich verkneten und daraus Streusel krümeln. Bis zur Weiterverarbeitung im Kühlschrank kalt stellen. Für den Rührteig Butter und Zucker schaumig schlagen, Vanillinzucker und Eier zugeben und alles mit dem elektrischen Mixer schaumig verrühren. Mehl mit Backpulver vermischen und über die Eiermasse sieben, alles gut umrühren. Nun nach und nach die Milch zugießen und alles zu einem geschmeidigen Teig verarbeiten.

Springform mit Backpapier auslegen und dann zuerst den Rührteig einfüllen. Zum Schluss auf dem Teig die Schokostreusel verteilen. Im vorgeheizten Backofen den Kuchen bei 160 °C ca. 40 bis 50 Minuten backen. Stäbchenprobe!

Einkaufsliste: Kakaostreuselkuchen

- o 250 g Halbfettbutter
- o 1 Pckg. Diabetiker-Zucker
- o 1 Pckg. Weizenmehl
- o 1 Pckg. Kakao, schwach entölt
- o 1 Pck. Vanillinzucker
- o 2 Eier
- o 1 Pckg. Backpulver
- o 1 l Magermilch

Was noch?

- o ______________________
- o ______________________
- o ______________________
- o ______________________
- o ______________________
- o ______________________
- o ______________________
- o ______________________
- o ______________________
- o ______________________
- o ______________________
- o ______________________

Käsekuchen

Zutaten

- 4 Eier
- 50 g Zucker
- 2 Pck. Vanillezucker
- 2 EL Speisestärke
- 1 unbehandelte Zitrone
- 2 EL Rosinen
- 500 g Magerquark
- 100 g Magerjogurt
- Salz

Backofen auf 175 °C vorheizen. Eier trennen, Eigelbe, Zucker und Vanillezucker mit dem elektrischen Handrührgerät schaumig rühren. Speisestärke und die abgeriebene Zitronenschale unterrühren. Magerquark und Magerjogurt dazugeben und alles zu einer geschmeidigen, glatten Masse verrühren. Mit dem Holzlöffel nun die Rosinen unterrühren. Mit dem elektrischen Handrührgerät die Eiweiße mit einer Prise Salz sehr steif schlagen und unter die Masse heben.

Eine Springform mit Backpapier auslegen. Die Springform muss sehr dicht sein, ansonsten den Boden mit Alufolie umwickeln. Die Quarkmasse in die Form gießen und im Backofen bei 175 °C ca. 50 Minuten backen.

Springform vorsichtig öffnen und so mindestens 20 Minuten den Kuchen abkühlen lassen, dann erst auf einem Kuchengitter stürzen.

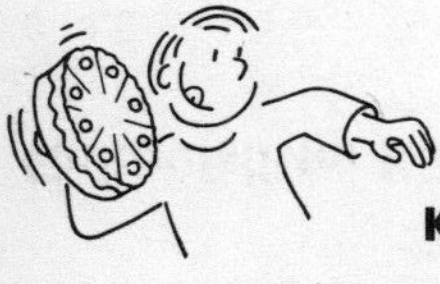

Einkaufsliste: Käsekuchen

- 4 Eier
- 1 Pckg. Zucker
- 1 Pck. Vanillezucker
- 1 Pckg. Speisestärke
- 1 unbehandelte Zitrone
- 2 Becher (500 g) Magerquark
- 1 Becher (150 g) Magerjogurt
- 1 Tüte Rosinen
- Salz (aus dem Vorrat)

Was noch?

- ______
- ______
- ______
- ______
- ______
- ______
- ______
- ______
- ______
- ______
- ______
- ______

Stachelbeerkuchen mit Quark

Zutaten

- 85 g Cornflakes
- 125 g Zucker
- 20 g Halbfettbutter
- 150 g Stachelbeeren
- 200 g Magerquark
- ½ Päckchen Vanillepuddingpulver
- 1 Ei
- ¼ TL abgeriebene Zitronenschale
- 1 EL Zitronensaft
- ¼ TL Zimt

Den Backofen auf 175 °C vorheizen. Cornflakes im Mixer oder mit der Gabel sehr fein zerbröseln und mit 75 g Zucker, weicher Butter und 1-2 EL Wasser verrühren. Die Springform mit Backpapier auslegen. Die Mischung bis auf einen kleinen Rest auf dem Boden gut andrücken und am Rand etwas hoch drücken. Dann für ca. 30 Minuten im Kühlschrank kalt stellen.

In der Zwischenzeit die Stachelbeeren putzen, waschen und gut abtropfen lassen. In einer Schüssel Quark, restlichen Zucker, Puddingpulver und das Eigelb verrühren. Mit der Zitronenschale, Zitronensaft und Zimt würzen, das steif geschlagene Eiweiß vorsichtig unterheben und zum Schluss die Stachelbeeren unter die Quarkmasse rühren. Alles auf dem Cornflakes-Boden verteilen und mit der restlichen Cornflakes-Masse bestreuen.

Im Backofen bei 175 °C ca. 60 Minuten backen. Herd ausschalten und den Kuchen noch ein Weilchen ruhen lassen.

Einkaufsliste: Stachelbeerkuchen mit Quark

- o 1 kleine Packung Cornflakes
- o 1 Pckg. Zucker
- o 1 kleiner Becher Halbfettbutter
- o 150 g Stachelbeeren
- o 1 Becher (250 g) Magerquark
- o 1 Päckchen Vanillepuddingpulver
- o 1 Ei
- o 1 Zitrone
- o Zimt

Was noch?

- o ______
- o ______
- o ______
- o ______
- o ______
- o ______
- o ______
- o ______
- o ______
- o ______
- o ______
- o ______

Jogurt-Kekse

**Zutaten
für ein Blech**

- 170 g Halbfett-margarine
- 175 g Zucker
- 1 TL flüssiger Süßstoff
- 2 Eier
- 2 TL Limettensaft
- 75 g Magermilch-Jogurt
- 320 g Mehl
- 3 EL Stärkemehl
- 1 TL Backpulver

Backofen auf 175 °C vorheizen. Margarine, Zucker, Süßstoff und Eier schaumig rühren, dann den Limettensaft und Jogurt zugeben und alles vermengen. Mehl, Stärke und Backpulver miteinander mischen und die trockenen Zutaten unter die feuchten Zutaten rühren, bis ein glatter Teig entstanden ist.

Mit zwei Teelöffeln kleine Portionen auf ein mit Backfolie ausgelegtes Backblech tupfen und mit der Rückseite des Löffels etwas glatt streichen. Blech in den Ofen schieben und bei 175 °C ca. 10 min. backen.

Einkaufsliste: Jogurt-Kekse

- o 1 Becher (250 g) Halbfettmargarine
- o 1 Pckg. Zucker
- o 1 Flasche flüssiger Süßstoff
- o 2 Eier
- o 2 Limetten
- o 1 Becher (150 g) Magermilch-Jogurt
- o 1 Pckg. Mehl
- o 1 Pckg. Stärkemehl
- o 1 Pckg. Backpulver

Was noch?

- o ______________________________
- o ______________________________
- o ______________________________
- o ______________________________
- o ______________________________
- o ______________________________
- o ______________________________
- o ______________________________
- o ______________________________
- o ______________________________
- o ______________________________
- o ______________________________

Leichte Haselnuss-Makronen

**Zutaten
für ein Blech,
ca. 50 Stck.**

- 3 Eiweiß
- 1 Prise Salz
- 150 g Puderzucker
- 1 Pck. Vanillinzucker
- 200 g geriebene Haselnüsse
- 50 g zarte Haferflocken

Backofen auf 170 °C vorheizen. Mit dem elektrischen Handrührgerät das Eiweiß mit dem Salz steif schlagen. Dann Puderzucker und Vanillinzucker einrieseln lassen und kurz weiter schlagen. Die gemahlenen Nüsse und Haferflocken vermischen und nach und nach unter den Eischnee heben. Mit Hilfe von 2 Teelöffeln nun kleine Häufchen auf das mit Backpapier ausgelegte Blech tupfen.

Im Backofen bei 170 °C ca. 15 bis 20 Minuten backen.

Einkaufsliste: Leichte Haselnuss-Makronen

- o 3 Eier
- o Salz (aus dem Vorrat)
- o 1 Pckg. Puderzucker
- o 1 Pck. Vanillinzucker
- o 200 g geriebene Haselnüsse
- o 1 Pckg. zarte Haferflocken

Was noch?

- o ______
- o ______
- o ______
- o ______
- o ______
- o ______
- o ______
- o ______
- o ______
- o ______
- o ______
- o ______

Bananenkuchen

Zutaten

- 100 g Vollkornmehl
- 180 g Mehl
- 80 g brauner Zucker (Rohrzucker)
- 1 TL Backpulver
- 1 Teelöffelspitze Salz
- 2 EL gehackte Mandeln
- 4 mittelgroße reife Bananen
- 45 g Sonnenblumenöl
- einige Tropfen Mandelaroma
- Öl
- Paniermehl

Backofen auf 175 °C vorheizen. Mehl mit dem Backpulver, Zucker, Salz und Mandeln vermischen. Bananen schälen und zusammen mit dem Öl und Mandelaroma mit dem Stabmixer pürieren.

Eine kleine Kastenform mit wenig Öl auspinseln, mit Paniermehl ausstreuen und den Teig einfüllen. Im Backofen bei 175 °C ca. 60 Minuten backen. Stäbchenprobe!

Einkaufsliste: Bananenkuchen

- 1 Pckg. Vollkornmehl
- 1 Pckg. Mehl
- 1 Pckg. brauner Zucker
- 1 Pckg. Backpulver
- Salz (aus dem Vorrat)
- 1 Tüte gehackte Mandeln
- 4 mittelgroße reife Bananen
- 1 Flasche Sonnenblumenöl
- Mandelaroma
- Öl (aus dem Vorrat)
- Paniermehl (aus dem Vorrat)

Was noch?

- ______________________
- ______________________
- ______________________
- ______________________
- ______________________
- ______________________
- ______________________
- ______________________
- ______________________
- ______________________
- ______________________
- ______________________

Apfel-Muffins

Zutaten
für ca. 12 Stück

- 200 g Mehl
- 2 EL Haferflocken
- 2 TL Backpulver
- 1 Prise Salz
- 1 Prise Muskatnuss
- 1 TL Zimt
- 10 Süßstofftabletten
- 2 Äpfel
- 1 Ei
- 175 ml Magermilch
- 60 ml Öl

Mehl, Haferflocken, Backpulver, Salz und Gewürze in einer Schüssel verrühren.

Süßstofftabletten in 1 TL Wasser auflösen. Äpfel schälen, halbieren, Kerngehäuse entfernen und in ganz kleine Würfelchen schneiden. In einer separaten Schüssel Ei, Milch und Öl verschlagen, Süßstoff und Äpfel unterrühren.

Die trockene in die feuchte Mischung geben und kurz durchrühren. In einer mit Papierförmchen ausgelegten Muffinform (12er) bei 200 °C ca. 20 Minuten backen.

Einkaufsliste: Apfel-Muffins

- o 1 Pckg. Mehl
- o 1 Pckg. Haferflocken
- o 1 Pck. Backpulver
- o Salz (aus dem Vorrat)
- o Muskatnuss
- o Zimt
- o Süßstofftabletten
- o 2 Äpfel
- o 1 Ei
- o 1 l Magermilch
- o Öl (aus dem Vorrat)

Was noch?

- o ______________________________
- o ______________________________
- o ______________________________
- o ______________________________
- o ______________________________
- o ______________________________
- o ______________________________
- o ______________________________
- o ______________________________
- o ______________________________
- o ______________________________
- o ______________________________

Birnen-Zimt-Kuchen

Zutaten

- 3 Birnen
- 200 g Mehl
- 2 TL Backpulver
- ⅛ l Magermilch
- 90 g Zucker
- 2 Eier
- 40 g gemahlene Mandeln
- 3 EL Haferflocken
- 20 g Halbfettbutter
- Schale einer ½ unbehandelten Zitrone
- Zimt
- brauner Zucker

Backofen auf 220 °C vorheizen. Birnen schälen, vierteln, entkernen und der Länge nach in Scheiben schneiden. Das mit dem Backpulver vermischte Mehl in eine Rührschüssel geben und mit Milch, Zucker, Eier, Mandeln, Haferflocken, abgeriebener Zitronenschale und Halbfettbutter zu einem geschmeidigen Teig verarbeiten. Eine rechteckige Auflaufform (ca. 24 x 27 cm) mit Backpapier auslegen und darauf die Birnenscheiben verteilen. Dann den Teig gleichmäßig über die Birnen streichen. Den Kuchen im Backofen bei 220 °C ca. 20 bis 25 Minuten backen.

Nach dem Backen den Kuchen etwas abkühlen lassen, dann erst stürzen und das Backpapier abziehen. Vor dem Servieren mit etwas Zimt und braunem Zucker bestreuen und noch warm servieren.

Einkaufsliste: Birnen-Zimt-Kuchen

- o 3 Birnen
- o 1 Pckg. Mehl
- o 1 Pck. Backpulver
- o ½ l Magermilch
- o 1 Pckg. Zucker
- o 2 Eier
- o 1 Tüte gemahlene Mandeln
- o 1 Pckg. Haferflocken
- o 1 Becher Halbfettbutter
- o 1 Zitrone
- o Zimt
- o brauner Zucker

Was noch?

- o ________________________
- o ________________________
- o ________________________
- o ________________________
- o ________________________
- o ________________________
- o ________________________
- o ________________________
- o ________________________
- o ________________________
- o ________________________
- o ________________________

Apfelkuchen

Zutaten

- 4 Eier
- 4 EL heißes Wasser
- 2 TL Süßstoff
- 1 Prise Salz
- 100 g Mehl
- 2 TL Backpulver
- 1 abgeriebene Zitrone
- 500 g Äpfel

Backofen auf 180 °C vorheizen. Eier trennen. Eigelbe mit dem heißen Wasser und Süßstoff schaumig rühren. Das Eiweiß mit einer Prise Salz steif schlagen und unter die Eigelbmasse heben. Das Mehl mit dem Backpulver vermischen, auf die Eigelbmasse geben, dann vorsichtig mit der geriebenen Zitronenschale unterheben. Die Äpfel schälen, halbieren, entkernen und achteln.

Eine Springform mit Backpapier auslegen, den Teig einfüllen und mit Apfelstücken belegen. Im Backofen bei 180 °C ca. 20 bis 25 Minuten backen. Stäbchenprobe!

Einkaufsliste: Apfelkuchen

- 4 Eier
- 1 Flasche Süßstoff
- Salz (aus dem Vorrat)
- Mehl (aus dem Vorrat)
- 1 Pckg. Backpulver
- 1 Zitrone
- 500 g Äpfel

Was noch?

- ______________________
- ______________________
- ______________________
- ______________________
- ______________________
- ______________________
- ______________________
- ______________________
- ______________________
- ______________________
- ______________________
- ______________________